JN410214

오늘은 새날이다

김진복 수필집

국립중앙도서관 출판시도서목록(CIP)

오늘은 새날이다 : 김진복 수필집 / 글쓴이 : 김진복 -- 서울 : 북랜드, 2014
p.224 ; 12.8 × 18.8cm
ISBN 978-89-7787-611-8 03810 : ₩15000

한국 현대 수필[韓國現代隨筆]

814.7-KDC5
895.745-DDC21 CIP2014019673

김진복 수필집

오늘은 새날이다

인쇄| 2014년 7월 05일
발행| 2014년 7월 10일

글쓴이|**김진복**
펴낸이|장호병
펴낸곳|북랜드
135-936 서울시 강남구 강남대로 320, 황화빌딩 1108호
대표전화 (02) 732-4574 | (053) 252-9114
팩시밀리 (02) 734-4574 | (053) 252-9334

등록일| 1999년 11월 11일
등록번호| 제13-615호
홈페이지| www.bookland.co.kr
이-메일| bookland@hanmail.net

편　집| 김인옥
영　업| 최성진
교　정| 노정희

ISBN 978 89-7787-611-8 03810

값 15,000 원

오늘은 새날이다

김진복 수필집

북랜드

책을 내면서

책을 몇 차례 낸 적이 있습니다. 늘 공부해 온 분야였기에 무리가 없었습니다. 그러나 이번에는 달랐습니다. 내 모든 속을 다 드러낸다는 것에 마음이 착잡했습니다.

수필에 입문한 지는 4년쯤 됩니다. 늦은 나이의 등단이 책을 내도록 닦달한 것 같습니다. 내 글이 수필의 진수에 가까이 가지 못하고 있음을 솔직히 인정합니다. 그러나 자신에게 용기를 주고 앞으로 더 좋은 글을 써야 한다는 다짐을 주기 위해 질끈 눈을 감았습니다.

늘 생각했습니다. 좀 더 나중에 책을 낸다면 더 좋은 글을 쓸 수 있지 않을까, 자꾸 미루다 보면 책을 낼 기회를 잃고 후회하지는 않을까, 고심과 망설임 끝에 첫 수필집을 냅니다.

나중 된 자가 먼저 될 수도 있다는 말에 용기를 얻습니다. 열심히 배우고 쓰겠습니다. 나만의 글을 쓰겠습니다.

2014년 7월

김진복

차례

제2부 꽃 마네킹의 독백

제3부 굴뚝쟁이

제 1 부

도배와 사진

돌 반지

그때는 그랬다. 첫아이 돌날 때 직장의 동료나 가까운 친구들을 집에 초대하는 일이 많았다.

큰 것은 아니지만 돌날 선물은 한 돈짜리 금반지가 대세였다. 큰 부담 없이 십시일반으로 반지 하나 사는 데 무리가 없었다. 금은방 어디를 가나 반지는 보증서와 함께 알록달록 조그만 색동주머니에 넣어 주었다. 아이 손가락을 펴고 반지를 끼워주는 것도 쏠쏠한 재미였다.

아이 셋을 키우다 보니 돌 반지가 여러 개 모였다. 크든 작든 금붙이는 장롱 안이나 손이 잘 타지 않는 곳에 넣어둔다. 어떤 이는 베갯속에 숨겨둔다는 말을 들은 적도 있다. 좀 귀한 물건의 보관은 내 몫이다.

아이들이 커가면서 돌 반지의 기억은 점점 희미해졌다. 가끔 서류들을 보관하는 작은 금고를 정리하다가 돌 반지 주머니가 눈에 띄면 반지를 꺼내 보곤 했다. 아이 키우던 옛날이 파노라마처럼 열린다.

15여 년 전, 첫 손녀의 돌잔치를 며칠 앞두고 간직해 오던 색동주머니를 열었다. 오랜 세월이 흘렀건만 금반지는 옛 그대로다. 세련된 디자인은 아니지만 각이 졌거나 동그스름한 작은 반지는 빛이 바래지 않았다. 반지는 내 젊은 날의 많은 것들을 담고 있다.

돌잔치를 마치고 귀가한 시간, 가족들이 한 자리에 모였다. 호주머니에서 꺼낸 반지를 들고 큰딸에게 말했다.

"이 반지는 네 돌날 때 아빠 친구들이 너의 손가락에 끼워주었던 반지다. 지금 네 딸에게 끼워줄게."

갑작스런 이벤트에 모두들 놀라면서 숙연해졌다. 그 오랜 세월, 이 날을 위해 보관해온 반지가 갖는 의미에 대해 무언가 생각하는 묘한 분위기가 만들어진 것이다. "자 모두 박수!" 하는 내 말에 분위기가 금방 바뀌었다. 웃고 손뼉 치는 소리를 들으면서 첫 손주에게 돌 반지를 끼워주는 내 마음도 울컥했다. 그래도 기뻤다.

내게는 손주가 다섯이 있다. 돌날 손주들 모두에게 그 옛날 내 아이들에게 끼워준 돌 반지를 그대로 하나씩 전수했다. 돌 반지를 대를 이어 손자녀에게 넘겨준 특별한 이유는 없다. 나대로의 생각에서 비롯된 것이다. 구태여 말한다면 어느 정도 고풍을 즐기는 내 잠재의식에서 나온 것인지도 모른다.

지금 손주들은 중학생이 되고 초등학생이 되었다. 제 엄마 아빠의 돌날 때 낀 반지를 자신들이 받았다는 사실은 전혀 모를 것이고 또 알 필요도 없다. 어른이 된 삼남매도 그 일들을 다 잊고 있을 것이다. 그러나 내 마음 깊은 곳 언저리에는 아직도 옛일이 그대로 각인되어 있다.

요즘 젊은 세대는 아이 돌잔치를 돌 전문식당이나 호텔에서 많이들 한다. 금값도 많이 올랐지만 돌 반지가 아닌 현금이 대세다. 고리타분한 생각인지 몰라도 돌 반지를 손가락에 끼워주는 그런 재미도 못 느낄 뿐더러 돌을 기념하는 애틋한 흔적을 찾아 볼 수 없어 허전하지는 않을까. 할머니가 손자들을 모아놓고 들려주던 옛날 옛적 재미있던 이야기가 사라진 것처럼.

금반지 이야기를 하다 보니 문득 떠오르는 것이 있다. 막내아들의 결혼 날짜를 잡아놓고 있을 때 며느리 될 아이의 대학원 졸업식이 있었다. 선물은 해 줘야겠는데 생각이 나지 않았다. 아내와 의논 끝에 집에 있던 금 열쇠를 주기로 했다. 내 퇴직기념행사 때 받은 열 돈짜리다.

그것으로 끝내야 했는데 큰 딸과 작은 딸이 마음에 걸렸다. 아들 결혼식을 마친 어느 날 딸 아이 둘을 불렀다.

"아빠가 너희들 올케에게 금 열쇠 하나를 줬는데 너희들에게도 똑 같은 것을 준다. 잘 보관해라."

10년 전의 일이니까 지금 금값으로 따지면 꽤 나가는 거금이다.

내 서재에는 내 아이 삼남매가 돌날 기념으로 찍은 흑백사진을 넣어둔 액자가 가지런히 놓여있다. 사진을 순서대로 놓아두지 않으면 누가 누군지 구별이 안 간다. 같은 모양의 의자에 앉아 같은 옷, 같은 포즈로 찍은 사진들이다.

그 아이들은 어른이 되었지만 사진 속의 세 아이는 언제나 그대로다. 돌 사진 앞에서 이렇게 읊조려 본다. “돌반지와 금 열쇠 잘 보관하고 있제.”

나는 아이들에게 돌 반지나 금 열쇠에 대해 이야기한 적이 한 번도 없다.

—2013. 9.

도배와 사진

방 도배를 해야겠다는 생각을 늘 하고 있었다. 거실 천장의 벽지에 실날 같은 금이 보이더니 어느새 길게 틈이 벌어졌다. 벽 모퉁이 몇 군데서도 종이 갈라진 것이 눈에 거슬린다. 아내에게 도배를 하자고 했더니 가구와 세간을 그대로 두고 어떻게 하느냐면서 반대가 한결같다. 아직도 깨끗한데 돈 들여가면서 괜히 고생을 사서 한다는 말을 덧붙인다.

틀린 말은 아니다. 십여 년이 지났지만 방과 거실, 주방의 벽지는 온전한 편이다. 벽지에 불순물이 묻어도 물걸레로 닦으면 말끔히 지워지는 질 좋은 벽지라서 그런지 수명이 꽤나 길다.

그런데도 나의 방 도배 집념은 쉽게 지워지지 않는다. 무슨 일이든 한번 마음먹으면 끝을 봐야하는 성격 때문만은 아니다. 지금 도배를 하면 언제 또 하겠나 하는 생각이 언뜻언뜻 들어서다.

정년을 마칠 때 승용차를 바꾼 일이 있다. 그 때도 차를 마지막으로 바꾼다는 생각으로 타던 차보다 업그레이드 하여 바꿨지만 3만 킬로미터 정도밖에 안 탄 차를 삼년도 채 안 되어 또다시 교체한 일이 있다. 물론 한 등급 높여서 말이다. 지금도 세차할 때마다 이 차가 마지막이 아니겠나 하는 생각이 불쑥불쑥 들기도 하지만 또 모를 일이다. 방 도배 역시 그렇다.

자주 흘리는 마지막이라는 말에 아내는 핀잔을 준다. 부디 마지막 소리는 하지 말라고. 지금 70의 나이가 20년 전 87세와 맞먹는다는 수명조사 연구 자료를 본 일이 있다. 그렇게 따지면 내 나이 이제 50대 중반이다.

도배업자에게 견적을 받던 날 이 방 저 방 가구를 옮겨가면서 한 삼 일 작업을 하면 되지 않겠느냐고 했더니 도배 전문가 다섯이 붙으면 하루 만에 끝낼 수 있다고 한다. 서재 방을 둘러보더니 책과 물건들을 옮기기 좋도록 챙겨두라고 신신당부한다.

도배 날을 정한 뒤 바로 책 정리를 시작했다. 거실부터 도배를 하고 그 곳에 책을 내 놓기로 했다. 쉽게 옮길 수 있는 무게만큼 노끈으로 책을 묶는 데도 하루해가 모자랐다.

사방 책장 위에는 사진 액자들이 즐비하다. 내려놓고 보니 방이 비좁다. 여러 모양의 크고 작은 액자가 스무 개가 훨씬 넘는다. 동료 교수인 서양화가가 그린 내 초상화를 비롯하여 아이들 커가면서 찍은 사진, 손자녀의 돌 사진 등 그렇게 많은 줄 몰랐다.

이 액자들을 어떻게 정리해야 하나 궁리 끝에 결단을 내렸다. 도배가 끝나면 초상화, 아내와 둘이 찍은 사진, 결혼 전 아들의 독사진, 큰 딸 중학교 다닐 때 삼남매가 나란히 찍은 것, 여름 바닷가에서 전 가족이 함께한 사진만 남겨 놓고 다른 것들은 치울 요량이었다.

하지만 액자들을 처리할 방법이 떠오르지 않는다. 사진을 따로 떼어 놓고 액자를 버리면 되겠다고 생각했지만 멀쩡한 액자를 버리는 것도 아까웠다. 무엇보다 마음을 무겁게 하는 것은 손자, 손녀들의 돌 사진을 비롯하여 행사 때마다 찍은 사진을 부지런히 액자에 담아서 갖고 온 세 아이들의 반응이 어떨까 해서다.

되돌려 주기도 그렇고. 아내와 상의했더니 그도 역시 내 마음과 같았다. 결국 치운 사진액자들은 따로 벽장에 보관해 두기로 했다. 나의 집념이 자손들 사진 앞에서 허물어지고 있었다. 아이들 둘씩 두고 있는 두 딸에게 말했다. "너희들은 내가 낳은 자식이지만 너희가 낳은 아이들은 한 다리 건너다. 책장 위에 있던 아이들의 사진들을 따로 치웠다. 섭섭해 하지 마라."

책장 아래 여닫이 두 칸에는 추억이 묻어있는 반세기 아날로그 사진 앨범들이 꽉 차 있다. 언젠가는 누구 손에서든 불 태워 없어질 것들인데 수십 년간 그대로 두고 있다. 몇 번이나 앨범을 정리하자고 했으나 아내는 아직

그럴 나이가 아니라면서 손을 대지 말라고 한다. 내 마음을 아내가 꿰뚫고 있는 것이다.

작은 액자에 따로따로 넣어둔 나의 맏딸, 둘째 딸, 아들의 돌 사진을 액자 하나에 순서대로 나란히 넣어둘 생각이다.

—2013. 1.

틈새

일본 여행 갔을 때의 일이다. 양식 진주 판매장에 들렀다. 진주조개를 키우는 것에서부터 영롱한 진주로 태어나기까지의 과정을 설명하면서 관광객들에게 번호표 한 장씩을 나누어 주었다. 당첨되면 진주알 한 개를 선물로 준다고 했다.

주위를 둘러보았다. 낯선 관광객들이 세일즈맨의 설명은 듣는 척하면서도 번호표를 만지작거리며 제 번호 부르기를 기다리는 모습이다.

"서틴"이라고 부르기에 내 번호 13번을 확인한 후 "미"라고 외치면서 번쩍 손을 들었다. 설마 했는데 수십 명의 틈새를 비집고 행운이 내게로 온 것이다. 아내에게 반지를 해 줄 요량으로 비닐에 단단히 싸서 하의 새끼주머니에 간직했다. 그날 종일 기분이 좋았다.

경제가 어려우면 여성의 치마가 위로 올라가고 돈 줄이 막히면 로또가 잘 팔린다고 한다. 뭔가 답답한 마음에서 벗어나려는 욕구와 충동의 반작용이 아닌가 싶다. 나도 가끔 로또를 산다. 재미로 로또를 산다는 사람의 마음 틈새에는 요행심이 늘 도사리고 있다. 보통 사람들 누구에게서나 볼 수 있는 심상이다.

우리의 삶 자체가 행복을 방해하는 엉성엉성한 틈새들을 메꾸어 가는 긴 과정이 아닐까. 그렇게 본다면 성공한 사람은 예상되는 실패의 틈새를 재빠르게 찾아 먼저 제집을 지은 사람이다.

밀림의 호랑이는 수풀 속에 몸을 숨기고 있다가 먹잇감이 가까이 오면 틈을 주지 않고 전광석화처럼 덮친다. 반면 사자는 전망이 탁 트인 대지에 몸을 내 놓고 유유자적, 멀리 있는 먹잇감의 동태를 살피다가 기회가 오면 무리들과 더불어 집단 공격한다. 전자를 미시적 틈새를 노린 사냥법이라고 친다면 후자는 거시적인 틈을 만들어 하는 여유 있는 사냥법이라 할 수 있겠다. 그래서 사자를 동물의 왕이라고 했던가.

현대인들은 호랑이식 사냥 방법이나 사자식 사냥 방법으로 생존전쟁을 벌인다. 그것이 아날로그식이든 디지털식이든 경제적 이익 틈새를 노리는 목적은 매 일반이다. 소자본으로 창업하여 소비자들의 선호와 취향에 맞춰 그 틈새에 자리 잡는 소규모 영업 방식이 유행처럼 번지고 있다. 남이 보지 못하거나 생각이 미치지 않는 틈새를 찾아 비집고 들어가 자기 공간을 만드는 것이 이른바 틈새 공격이다.

가수 싸이의 강남스타일이 세계 엔터테인먼트 시장에서 돌풍을 일으키고 있다. 싸이 자신도 그만한 센세이션을 일으킬지 전혀 예상하지 못했다고 한다. 노래 부르기 쉽고 춤추기 쉬운 새로운 장르가 사람들을 미치게 만든 것이다.

싸이의 말춤이나 노래는 예술이라고는 볼 수 없는 구석이 있다. 그러나 그는 거시적인 안목으로 기성 예술이 찾지 못한 독특한 틈새 분야를 개척하였다. 그리고 누구나 접근 용이한 영역으로 대중들을 끌어낸 것이다. 이렇게 본다면 싸이는 제한 없는 음악·춤 계의 틈새를 적절히 공격하여 자기 영역을 개척한 틈새 공격의 전문가다.

아무리 단단한 요새라도 쥐가 드나들 구멍은 있다. 그저 쥐구멍이라고만 보지 말고 그것을 통하여 요새를 허물 수 있는 대안을 찾는 기술이 요구되는 시대에 우리는 살고 있다.

얼마 전 대구에서 유치장에 갇혀있던 범죄 피의자가 철제로 단단히 막은 창 틈새로 탈출한 사건이 있었다. 사람이 도저히 빠져나갈 수 없을 정도의 틈을 유유히 빠져나간 것을 보면 그 재주도 놀랍지만 보는 사람에 따라 작은 틈도 크게 보이는 것이 아닐까 하는 엉뚱한 생각을 해 본다.

우리 주변에는 틈이 없어 보이지만 눈여겨보면 많은 틈들이 있다. 틈새는 좁고 쓰잘데기 없다는 해묵은 관념을 버려야 하고 쓰임새가 있는지 살펴보는 것이 삶의 지혜다.

무조건 틈을 메우면 답답할 때가 있다. 잠 잘 때 내가 방문을 꼭 닫으면 아내는 답답하다면서 문을 틔우라고 한다. 이것이 씨가 되어 신간할 때도 가끔 있다. 살아가는 데는 틈을 받아들이는 여유로움을 가지는 것이 좋을 것 같다.

일본 여행에서 당첨 선물로 받은 진주알은 세탁 중 빨래 틈에 섞여 잃어버렸다. 아내에게 얘기할 틈을 놓쳐버리고 잊고 있었던 것이다.

—2012. 3.

풍선

변덕스런 날씨 탓에 보문단지 벚꽃을 볼 수 있겠나 궁시렁거리는 가족을 달래기 위해 경부고속도로에 차를 올렸다. 건천에서부터 차는 굼벵이가 되었고 보문단지까지 들어가는 데 두 시간이나 걸렸다.

호수에는 백조 모양의 탈것이 한가로웠고, 하늘 높이 큰 풍선이 긴 줄에 매여 흔들리고 있었다.

교육문화회관에 들러 커피 타임을 가진 후 느긋한 기분으로 홀 안에 전시된 그림을 감상하던 중 복도 맞은편에 걸려있는 '○○○ 수필집 발간 축하'라는 현수막이 눈에 들어왔다. 뭔가 당기는 것이 있어 접수대로 갔더니 작가의 친구 된다는 여성이 테이블 위의 책을 정리하고 있었다. 아무 생각 없이 '사람 이야기와 그림이 있는 수필'이란 부제를 붙인 『낀』이란 제목의 수필집을 샀다. 수필을 공부하는 사람이라고 방명록에 글을 남기면서 명함을 꽂아두었다.

잊고 있었는데 엊그제 울산에 산다는 여성 수필가로부터 전화가 걸려왔다. 생판 모르는 사람이 자기 책에 관심을 가져준 데 대한 고마움의 표시였다. 몇 마디 오고 간 뒤 그가 연전 매일신문 신춘문예로 등단했음을 알았다.

달구벌수필과 장호병 교수에 대해서도 들었노라고 반색을 한다. 그도 말했지만 수필이라는 매개로 공감을 나누는 인연을 얻게 된 것이다.

사람을 사회적 동물이라고 일컫는 것은 서로 얽혀 살고 있기 때문이다. 자연계의 모든 생명체는 주고받으면서 공생을 한다. 독불장군은 이 세상 어디에도 없다.

풍선은 스스로 풍선이 될 수 없다. 바람이 있어야 풍선이란 이름을 얻는다. 망망한 대양을 누비는 풍선風船의 짝꿍은 바람이다. 바람을 만드는 풍선風扇도 있다. 보통 우리가 말하는 풍선은 기구氣球를 말하며 얇은 고무주머니 속에 바람을 넣은 것이다.

풍선은 어린 아이들이 좋아하지만 그들만의 전유물이 아니다. 꽃을 싫어하는 사람이 없듯이 풍선을 싫어하는 어른들도 없다. 가벼운 풍선이 순간이나마 무거운 마음을 덜어주고 동심의 세계로 이끌어주기 때문일까?

무지개색 풍선들이 꼬리를 흔들며 하늘로 날아오르면 기분이 상쾌해진다. 풍선은 보통 바람, 공기보다 가벼운 바람 등 용도에 따라 그 종류도 달라진다.

대학원 제자들이 꾸민 사은회에서 실내가 온통 풍선으로 장식된 것을 보고 그 재주에 놀란 일이 있다. 보통 바람으로 만들어진 풍선이다.

꽃, 토끼, 곰, 하트형 등 여러 색깔 · 다양한 형태의 풍선이 천장과 벽, 바닥에 장식되어 있었다. 말로만 듣던 풍선 전문가의 작품을 본 것이다.

행사 때 가둬놓은 수많은 비둘기가 유유히 하늘을 나

르듯 색색의 풍선이 바람 따라 천천히 공중으로 오르는 것은 공기보다 가벼운 바람 덕분이다.

북한에 뿌릴 무거운 삐라 뭉치를 달고 바람을 타는 기구는 깃털보다 더 가벼운 풍선이다.

풍선에 대한 정보를 얻기 위해 인터넷에 들어갔더니 사이버틱한 풍선세계가 펼쳐지고 있었다. 풍선 이벤트, 풍선 장식, 풍선 아트, 풍선 공예, 헬륨 풍선, 심지어 풍선 아트 학원까지 있었다. 관심을 갖지 않은 사이 풍선 문화가 우리 주변에 진치고 있었던 것이다. 바람 빠진 타이어보다 바람 없는 풍선은 더 쓸모가 없다.

풍선과 바람은 한 몸이다. 어느 한 쪽이 기울어도 제 기능을 못한다. 바람과 풍선이 궁합이 맞듯이 인간사 모든 일이 그것을 닮는다면 인생살이가 얼마나 가볍고 수월할까.

하늘 높이 오르는 풍선이 보이지 않을 때까지 눈을 떼지 못하는 어린 아이처럼 가벼운 마음으로 세상을 살고 싶다.

—2010. 5.

멍석의 소원

내가 왜 여기 있는지 모르겠습니다.

어두컴컴한 헛간, 사람들의 발길이 전혀 없는 곳, 덩그러니 서까래 바로 밑에 매달려 있습니다. 내 몸에 먼지가 겹겹이 쌓여 겨울에도 추운 줄 모릅니다.

서생원들이 하루에 몇 번씩이나 내 몸통 위를 오르락내리락거립니다. 운동을 하는지 장난을 치는지 모르긴 하지만 그때는 나도 심심하지 않았습니다. 그런데 요즘 집 나간 고양이가 왜 그렇게 많습니까? 소리 없이 집 주위를 맴도는 고양이 탓인지 지금은 나를 찾는 서생원들을 찾아 볼 수 없습니다. 외로워서 영 죽을 맛입니다.

내가 명석이란 이름으로 태어난 곳은 솔향기 그윽한 청송 두메산골입니다. 멀리 신작로를 마주하고 있는 트인 마을 입구 말고는 몇 안 되는 초가집 주위로 푸른 솔과 대나무가 둘러쳐져 있었습니다.

고샅길을 지나 길게 뻗친 좁은 개울가에는 커다란 구렁이가 똬리를 틀고 낮잠에 취했는지 미동도 않은 채 햇볕에 몸을 데우고 있는 조용한 마을입니다. 어린 아이들도 그 누구도 구렁이를 보고 겁을 내지 않는 순박한 사람들이 모여 사는 마을입니다.

봄이면 앞산 뒷산 뻐꾸기가 장단 맞춰 노래를 부르고 아지랑이 피어오르는 들녘에는 겨우내 기다렸던 봄꽃들이 살며시 고개를 내밀고 있습니다.

물보라 이는 여름이면 온통 초록으로 덮인 산비탈에서 살찐 어미 소가 송아지를 데리고 이리저리 자리를 옮겨가면서 맛있는 꼴을 골라 먹이는 정겨운 모습을 볼 수 있습니다.

황금 들판, 알알이 여문 오곡을 갈무리하여 차곡차곡 곳간에 쌓아두고 풍요의 즐거움과 안식의 행복을 찾을 즈음 나는 태어났습니다.

그때는 내 것 네 것 가리지 않는 상호부조의 좋은 전통이 있었지요.

대부분의 농가에서는 3, 4대가 초가삼간 한집에 살았습니다.

고른 짚단을 쌓아두고 할아버지, 삼촌, 조카들이 한데 모여 망태기를 만들거나 나 같은 멍석을 만들었습니다. 곡식을 말리거나 온 식구가 같이 앉을 수 있는 큰 멍석을 짜려면 서너 사람이 붙어 몇 날 밤을 새워야 합니다. 그렇게 해서 나는 둥근 얼굴의 멍석으로 태어났습니다.

나는 쓰임새가 많아 사랑을 듬뿍 받았습니다.

모깃불 연기가 자욱하게 피어오르는 한여름, 지게작대기로 낮게 고정시킨 빨랫줄에 호야등을 걸어두고 모든 식구들이 정담을 나누면서 저녁밥을 먹을 때는 나도 가족의 일원이 되었습니다.

반짝이는 수많은 별을 헤아리면서 할머니의 옛날 옛적

이야기를 듣는 아이들은 너무나 행복해 보였습니다. 할머니의 옛이야기가 어제와 똑같았지만 손자들은 재미있어 했습니다. 할머니의 무한한 사랑이 담겨 있었기 때문이겠지요.

잠에 겨운 아이들이 물러난 후 할머니와 어머니는 길쌈을 하기 위해 다시 자리를 정리합니다. 고부간의 사이가 좋지 않다는 말들을 하지만 우리 집 할머니와 며느리는 진짜 엄마와 딸 같았습니다.

정월대보름이나 추석 같은 명절에는 마을 사람들이 편을 짜서 윷놀이 판을 벌였습니다.

"모야! 윷이야!" 즐거운 고함을 지를 때는 나도 덩달아 신이 나서 몸을 들썩들썩거리곤 했습니다. 지금 생각하면 그 시절이 정말 행복했던 것 같습니다.

초가집이 슬레이트집으로 바뀐 지 한참 되었고 가끔 내 대신 역할을 하던 살평상은 비가 와도 늘 그 자리에 있습니다.

내가 있는 집에는 지금 아무도 살지 않습니다. 방문은 굳게 닫혀있고 곳간에는 몇 안 되는 녹슨 농기구가 어지러이 흩어져 있습니다. 읍내로 나간 칠십 넘은 주인 내외가 농사철이 되면 한 번씩 오갈 뿐입니다.

쌓인 먼지투성이 몸을 뒤척이면서 나는 즐겁던 시절, 옛 추억에 잠기곤 합니다.

내 운명이 어떻게 될지도 모르면서 말입니다.

내게 한 가지 소원이 있습니다. 많은 사람들을 만날 수 있는 민속박물관 같은 곳에 보내 주세요.

—2010. 5.

신천을 걷는다

푸른 다리가 가로지르는 방천 둑에 산 적이 있다. 밤새 장맛비에 불은 힘 좋은 황토물길이 포말도 없이 콸콸 포효하면서 온갖 잡동사니를 싣고 괴력으로 질주하는 것을 보면 물이 무섭다는 생각밖에 없었다.

어린 시절 연밭에서 크고 작은 이슬을 품은 연잎에 앉아있는 잠자리를 잡기 위해 웅덩이에 들어갔다가 죽을 뻔했던 기억 때문일까. 지금도 나는 수영을 못한다.

간간이 내리는 비에도 언뜻언뜻 햇살이 비춰 신천을

보기 위해 집을 나섰다.

대봉교 위에서 내려다보는 신천은 기다란 물줄기의 파노라마를 연출하고 있었다. 남녘에서 흘러오는 냇물은 흐르면서 정화된 탓인지 바닥을 볼 수 있을 만큼 맑기가 그지없다.

흐르는 신천 둑길을 걷고 싶어 다리 아래로 내려갔다. 수량은 늘었지만 물길 옆에는 자갈과 잡풀들이 보이면서 맨땅을 드러내고 있었다. 생각보다 비가 덜 온 모양이다. 물길 오른쪽으로 난 보도를 따라 앞산을 멀리 두고 아무 생각 없이 천천히 걷기 시작했다.

둑길 숲 사이로 듬성듬성 꽃들이 산들바람에 몸을 흔들고 고추잠자리 떼가 날개를 바르르 떨면서 이리저리 자리를 옮기고 있다. 비 온 뒤 동네 어디서나 볼 수 있었던 고추잠자리가 우리 주변을 떠난 지 오래되었지만 이곳에서 다시 만날 수 있다는 것은 신천이 그만큼 깨끗하다는 의미다.

물살의 흐름을 조절하는 보 가까이쯤 갔을 때 두 단계 아래쪽으로 내리꽂히는 물줄기가 촬촬 같은 소리로 줄

기차게 수렴 포말을 만들면서 부지런히 제 길을 가고 있다. 한번 가면 되돌아 올 수 없는 길인데도 무엇이 그리 바빠 길을 재촉하는 것일까. 한때 나도 앞만 보고 달리는 저 물처럼 살아오지 않았는가 하는 생각이 뇌리를 스친다.

같은 양의 물이 동일한 시공 안에서 낙하하는 탓인지 물살과 물 튕김의 모양이 닮았다. 인공 물길이 자연과는 비길 바 못되지만 찌든 도심의 때를 씻어주는 데는 모자람이 없고 찰나지만 스트레스를 씻어주기에 충분하다.

보의 윗단과 아랫단을 가르는 긴 시멘트 둑 빈자리에는 흰 왜가리 두어 마리가 가늘고 긴 다리를 받치고 서 있다. 보에서 낙하하는 물고기를 사냥하려는 자세다.

유유자적 산책을 즐기는 사람과 페달을 천천히 밟는 자전거 마니아들을 보면서 신천은 시민들의 좋은 휴식처라는 생각을 새삼 하게 된다.

신천에서 방천시장 쪽으로 넘어가는 지하로가 보였다. 길지 않은 지하로의 양쪽 벽면에는 사진들이 즐비하다. 찬찬히 살펴본다. 이상화 고택, 대구달성, 옛 선교사집,

계산성당, 대구제일교회, 선화당, 약령시, 진골목 등 평소 중구청이 자랑하는 명소들의 사진이다.

습습하고 삭막한 지하로에 사진을 전시한 관청의 문화 애착에 고마움을 느끼면서도 아쉬움이 생겼다. 사진을 설명하면서 실체가 어디에 위치하고 있는지 부연 설명이 없다. 단지 액자 위쪽에 작은 글씨로 기호와 번호만 표시되어 있을 뿐이다.

설명 글을 몇 번이나 읽어보았지만 퍼뜩 이해가 되지 않는다. 비로소 안쪽 입구 끝자락에 붙어있는 관광안내도를 보고서야 알 수 있었다. 안내도에 그 사진의 번호가 표시되어 있었던 것이다. 사진 그림을 보고 또 안내도를 보고 왔다 갔다 하면서 위치를 확인해야 하는 번거로움을 고려하지 않은 것은 큰 흠이다.

이왕 좋은 착상으로 사진 액자를 게시하기로 했다면 누구나 그것을 보고 건물이나 조형물이 어디에 있는지 가늠할 수 있도록 주소를 표기해 두는 것이 좋았을 것이다.

비가 온 뒤라서 그런지 천장 곳곳에는 엉망으로 엉클

어진 거미줄이 통로에 스며드는 샛바람에 어지럽게 흔들린다. 액자 위까지 얼기설기 거미줄이 처져 있고 거미가 액자 위를 어슬렁거린다. 조금만 신경을 쓰면 좋을 텐데. 관료행정 · 전시행정의 약점을 여기서도 볼 수 있는 것 같아 마음이 무겁다.

신천은 사람이 만든 자연이다. 누구나 편안한 마음으로 찾는 자리다. 대구시민들이 즐겨 찾는 위락성의 신천을 만들기 위해서는 행정구역을 따져서는 안 된다. 지하로 안에 눈이 가지 않는 전시용 사진을 붙이는 것보다 자연과 닮은 대상을 찾았으면 좋겠다. 음지에서 자라는 식물은 없을까. 사람은 자연과 같이 있으면 자연의 일부가 된다. 오랜만에 신천을 걷는 발걸음이 가볍다.

—2012. 8.

황산에서 생긴 일

황산은 중국의 명산이다. 천 미터가 넘는 72개의 고봉이 기다랗게 맥을 잇고 처처마다 기암과 괴석이 눈을 어지럽게 한다.

산 정상으로 오르는 케이블카에서 이리저리 눈을 돌리고 있는 사이 벌써 승강장이다. 오후 네시경, 간단한 등산을 할 수 있다는 말에 앞 선 사람들의 뒤를 따랐다. 평지인데다 한 시간 거리라고 한다.

가끔씩 만나는 돌계단은 아주 특이했다. 바위산에 움

푹 홈을 파서 만든 계단이다. 한 사람밖에 오를 수 없는 돌계단은 사면이 자로 잰 듯 크기와 모양이 같다. 여러 갈래의 등산로에는 무려 4만여 개의 돌계단이 있다고 한다. 사회주의국가에서만 가능한 노동력의 결집이다.

얼마쯤 걸었을까. 처음 맞는 주위 경관에 눈을 주다 보니 앞서 가는 사람들이 보이지 않는다. 숱한 사람들이 만든 빤질빤질한 길을 따라 잰걸음으로 치달았으나 인기척이 없다.

바위 틈틈이 양쪽으로 길게 늘어 선 나무들의 행렬이 끊기고 커브 길이다. 왼편은 험준한 바위산이 끝없이 이어져 있고 오른쪽 철책 아래에는 잎이 큰 사철나무가 짙푸르게 무리를 이루고 있다.

몇 걸음 걸었을까. 낭떠러지를 가르는 철책이 안 보인다. 천길 단애에 눈앞이 아찔하다. 걷는 길은 점점 좁아지고 있다. 왼쪽 바위에 딱 붙어 발을 뗄 때마다 다리가 후들거려 전진이 어렵다. 어느새 땅거미가 산언저리를 삼키면서 가까이 오고 있었다. 정적만이 있을 뿐 길 안내 불빛도 없다. 온몸이 땀으로 흥건하다. 되돌아갈까, 조금만 가면 되겠지 마음의 갈피를 잡지 못한다. 별의별 생각이 다 든다. 계곡에 떨어지면 형체도 찾을 수 없겠다는 생각, 아내와 함께 안 온 것이 천만다행이라는 생각, 정신이 혼미하다. 해마다 등산 사고가 난다는 가이드의 말이 뇌리를 스친다. 왼쪽 바위벽에 몸을 붙이고 허리를 굽힌 채 바윗길 소로를 기어가듯 걸었다.

나이는 숫자에 불과하다며 자만하던 스스로를 자책했다. 날은 점점 어두워지고 길의 끝이 어딘지 가늠할 수 없다. 정신을 차려야지 닦달하면서 아마 한 시간 반 정도는 걸었을 것이다. 멀리서 사람들의 소리가 들려오는 것 같았다. 얼마나 반가웠던지. 이때처럼 사람의 목소리가 반갑게 들렸을 때는 없었던 것 같다. 불빛이 보였고 애타게 기다리고 있는 아내의 모습이 희미하게 눈에 들어왔다.

사람은 누구나 자기의 일상을 삶의 잣대로 삼는 고집이 있다. 바로 자신감이다. 내 주변에 팔십을 훨씬 넘긴 명예교수가 있다. 그는 평생 마라톤으로 단련된 몸을 자랑한다. 마라톤 대회가 있을 때마다 풀코스를 수십 번 완

주한 이력을 가진 이다. 그런 그가 지난겨울 아침 운동을 나갔다가 살짝 눈이 덮인 얼음판에 넘어져 머리에 손상을 입고 입원을 했다. 큰 문제가 없어 일찍 퇴원했지만 그 후에도 나이를 의식하지 않고 아침 운동을 계속하고 있다. 그의 말을 빌리자면 하루라도 운동을 거르면 뭔가 허전해서 일이 손에 잡히지 않는다는 것이다. 일종의 운동 중독 현상이다.

지난달 또 그가 사고를 당했다. 언덕바지를 오르다가 발을 헛디뎌 넘어지려던 찰나 순발력으로 시멘트 벽을 잡으면서 얼굴에 큰 찰과상을 입었다. 눈과 치아에는 탈이 없었지만 오른쪽 얼굴 부분에 퍼렇게 멍이 들었다. 운동신경이 자기를 살렸다는 말을 또 했다.

나에게도 이런 오만이 있다. 일 주일에 나흘 이상 휘트니스를 하지 않으면 찜찜해서 못 견딘다. 디스크로 인한 다리 당김의 고통을 헬스로 치유했다는 생각에 운동을 빠뜨리지 않아야 하고 반신욕은 반드시 해야 한다는 일상이 몸에 배었다. 건강을 위한 좋은 선택이라고 생각하면서도 굴레에서 헤어나지 못하는 자신을 가끔씩 발견하고 놀라기도 한다.

누구나 자아에 갇혀있는 고정관념이 화를 불러온다는 것을 모르고 산다. 인생은 가보지 않는 길을 가는 것이다. 혼자 가는 길이 두려워서 짝을 찾는지도 모르겠다. 3년의 세월이 흘렀지만 황산에서 겪었던 일을 생각하면 지금도 오싹하다. 다시 그 길을 가라고 하면 천금을 줘도 못할 것 같다.

—2012. 5.

내 문학의 분신

소중한 보물 위에 두 손을 얹었다. B4 크기의 흰색 켄트지 묶음 위쪽 중간에는 양철제의 고정 핀이 단단히 박혀있다. 두툼한 두께의 스크랩북이다.

첫 장을 넘긴다. 각양각색의 우표들이 줄친 네모 칸 안에 한 장씩 곱게 자리 잡고 있다. 정부수립 제15주년 기념, 제5대 박정희 대통령취임기념 등 '60년대의 우표들이 많이 보인다. 청소년 시절, 우표수집의 붐이 한창이었을 때의 족적이다. 첨성대 도안의 오십 전짜리 조선 우표,

오전짜리 조선 해방 기념엽서가 그대로 남아 있는 것이 이채롭다. 발행연도를 찬찬히 확인해 가면서 컬러풀한 수백 매의 우표들을 훑어보는 데 꽤 시간이 걸렸다.

다음 장을 넘기니 소설가, 시인 등 문학인들의 면면이 눈에 들어온다. 정비석, 김동리, 김말봉, 최정희, 계용묵, 안수길, 김내성, 박계주, 조지훈, 박두진, 유치환, 모윤숙, 박목월, 이은상 등의 사진과 약력 등이 꼼꼼히 정리되어 있다. 스무 살 문턱에서 사숙해 온 나의 문학 멘토들이다. 성황당, 흙, 실낙원의 별, 순애보, 황토기, 신작로, 홍수전야, 찔레꽃, 금삼의 피, 임꺽정 등 밤새워 읽었던 책 제목들을 되뇌면서 올 짙은 문학의 향내를 맡는다.

> '손톱 같은 초승달 비치는 밤에 한 모퉁이 화단에 코스모스가 초승달에 비치어 더욱 빛나고 닭장에 닭들은 잠을 자는데 머얼리서 피리소리 들려옵니다'

1953년, 초등학교 5학년 초입에 처음으로 지은 동요식 운문이다. 문학이 뭔지도 모르면서 그저 좋아서 책 읽기와 글짓기에 심취한 때는 중학교 시절이었다. 남아

수독오거서男兒須讀五車書란 글귀에 매료되었는지도 모르겠다.

내 어머니는 "소설을 많이 보면 도둑놈이 된다."고 하면서 소설책을 못 읽게 했다. 아마 전기가 귀했던 시절, 석유 기름이 아까워서 그랬을 것이다. 이불을 덮어쓰고 손전등을 밝혀 번안소설인 「무쇠탈」을 밤새 읽었던 기억이 난다. 한번 들어가면 죽어서야 나오는 감옥에 갇힌 죄수를 탈출시키기 위해 비밀스런 사연을 노래로 날려 보내는 여인의 애간장 타는 노랫소리가 지금도 귀에 쟁쟁하게 들린다.

책 대여점의 문턱이 닳도록 들락거렸다. 그때 팔공산, 만년필, 나무, 우리나라, 여름 하늘, 유월, 안식일, 조국, 논두렁, 애가, 청태, 인생십자로, 먼동이 튼다와 같은 읊조리기 쉬운 서정풍의 글을 겁도 없이 마구 지었다.

다음 장은 학예란이다. 굵은 G펜으로 이렇게 쓰여 있다.

<하나하나의 작품을 모아서 그 작품에 대한 감상 · 비평을 해 보고 작품의 발전을 기르자>

고교생을 대상으로 한 문학의 밤 이벤트에서 뽑힌 시와 글들이 색 바랜 얼룩진 신문 스크랩에 작은 활자체로 꽉 차 있다. 그 때 장원한 학생이 문인으로 대성했을까.

스크랩 중간 부분에서 아주 귀한 것을 발견하였다. 50년이 훨씬 넘은 내 육필 원고가 고스란히 남아있었던 것이다. '준의 추억과 사상', '이것이 나의 진로의 반주인가'라는 제목의 산문 2편이다. 누런색으로 변색된 원고지의 접혀있는 부분이 너덜너덜 금방 떨어질 것만 같다. 필경으로 줄을 친 원고지의 가로 세로 줄이 긴 세월을 말해주듯 끊어질 듯 이어진다.

천천히 원고지를 넘기는 손끝이 떨리고 있다는 느낌과 함께 야릇한 흥분이 스멀스멀 몸을 휘감는다. 앞날이 안 보이던 그 외롭던 시절, 나는 황량한 세상에 버려진 병들고 심약한 존재였다. 그때 끄적거린 글들은 내 젊은 날의 허망한 초상이었다.

누가 스크랩북의 내 글들을 보고 비아냥거릴지도 모르지만 내게는 보물 같은 존재다. 한때 나는 이것을 누군가가 보관해 줬으면 하는 생각을 했다. 아들이 떠올랐다.

삶의 그림자를 지우지 않겠다는 내 이기심에서 비롯된 것이리다.

오랫동안 이 스크랩북을 어디에 뒀는지 잊고 있었다. 아내도 내가 이것을 애지중지하는 것을 모르고 있다. 그는 30여 년 전부터 기념우표 수집에 몰두하면서 지금까지 아들 이름으로 매월 우체국에서 우표를 배달받고 있다. 재산 가치로 여기면서 아들에게 물려줄 심산인 것 같다.

며칠 전 우표로 가득 찬 박스 몇 개를 정리하면서 이 스크랩북을 발견하였다. 얼마나 반갑고 가슴 떨렸는지. 내 분신을 찾은 기분이다. 한 장 한 장 곱게 스캔하여 컴퓨터에 심어두어야겠다.

—2013. 3.

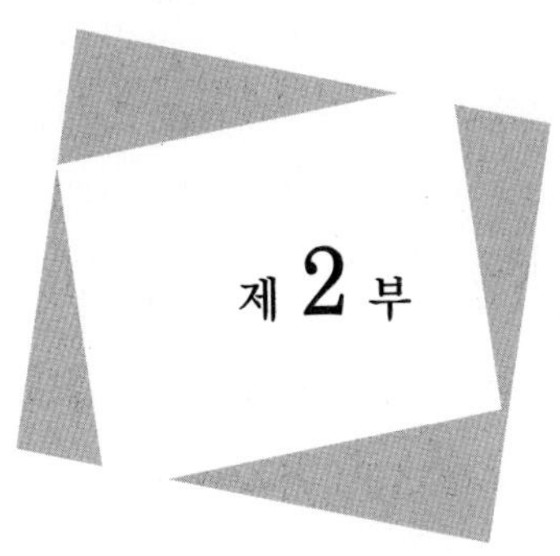

꽃 마네킹의 독백

너나 잘 하세요

며칠 전 시내 중심가에서 운전을 하다 당한 일이다. 바로 옆에서 신호를 기다리고 있던 영업용 택시기사가 담배꽁초를 창 밖으로 홱 내던졌다. 기분이 언짢아 한마디 했다. "아저씨, 꽁초를 길거리에 버리면 어떻게 합니까?"운전기사가 힐끗 쳐다보면서 던지는 말. "너나 잘 하세요."

그 말을 듣고 종일 기분이 상했다. 집에 돌아와 아내에게 말했더니 "남의 일에 간섭하지 말라고 그만큼 말했는데 당신은 그게 문제요."라는 핀잔만 들었다.

젊은이들이 운전 중 담배꽁초를 버리는 행위는 가끔 목도하는 일이지만 서비스업에 종사하는 운전기사의 태도가 그 모양이니 대구사람 질서가 전국 꼴찌라는 소리 백번 들어도 할 말이 없다.

지하철을 이용하는 시민들의 질서의식 또한 한심하기 이를 데 없다. 열차가 서면 하차하는 사람들은 중앙의 바른 방향으로 내리고 승차하는 사람은 양쪽으로 나 있는 화살표시 선에 따라 타야 하는데도 이를 지키는 승객들은 드물다. 환승역에서 에스컬레이터가 복잡하여 계단을 이용할 때가 있는데 오르내리는 사람들끼리 부딪히는 일이 다반사다. 우측통행을 해 달라는 표시가 있지만 좌측통행 습관이 몸에 배어선지 잘 지켜지지 않는다. 남의 몸에 부딪쳐도 사과 한마디 없다. 살짝 웃어주면서 까딱 목례만 해 줘도 좋을 텐데 그런 훈련이 되어 있지 않다. 사람 몸에 무작정 몸이 부딪히면 얼마나 기분 나쁜지 안 당해 본 사람은 모른다.

지하철을 타고 내릴 때 무질서는 더욱 심하다. 뒤에서

어슬렁거리다가 열차가 들어오면 앞에 서 있는 사람 앞으로 재빨리 들어와서 먼저 차에 오르는 사람들이 수두룩하다. 안타까운 것은 학생들을 비롯한 젊은층이 그런 짓을 예사로 한다는 점이다.

서울시민들이 지하철을 타기 위해 지정 선에서 길게 줄지어 있는 모습을 보면서 지하철 문화가 대구와는 생판 다르다는 느낌을 가질 때가 있다.

한 좌담회에서 종합적으로 나온 이야기이다. 유럽 선진국에 여행하는 한국인들은 대체로 질서를 잘 지키는 편이지만 여전히 거리에 담배를 버리거나 침을 뱉는 사람들이 있다고 한다. 공항에서 고함을 지르는 사람을 보면 대부분 중국인이 아니면 한국인들이다. 무리지어 떠들면서 쇼핑에 나서는 사람들 역시 그렇다. 조용한 온천장에서도 같은 현상을 자주 보게 된다. 요즘은 온 세계를 휘젓고 다니는 졸부 중국인들의 시끄러운 등살에 한국인들이 묻혀 좀 다행이라는 생각이 들기도 하지만 아직도 곳곳에서 눈살을 찌푸리게 하는 모습들을 자주 목도하게 된다.

우리보다 못사는 외국에 나가 우쭐대는 사람은 정말 꼴불견이다. 개인적인 망신에 앞서 국제적 수치다. 이러한 잘못된 행태들은 하루아침에 이루어진 것이 아니라 습관적으로 몸에 밴 것이다. 집에서 새는 바가지 밖에서도 새지 않는다는 법은 없다.

우리의 질서문화가 이렇게 엉망이 된 이유는 잘못된 사회 전반적인 교육차원에서 찾아 볼 수 있다. 개인주의와 물질주의, 경쟁의식, 대화 단절, 가정에서의 자녀교육 방치, 학교교육에서 도덕과 윤리교육 무시 등 이루 헤아릴 수 없을 정도다. 지금 우리는 질서교육 망실 시대에 살고 있다. 올바른 질서 의식관은 교육에서 비롯된다는 것은 누구나 알고 있으며 이는 백 번 강조해도 탓할 것이 못된다. 학생 생활교육에 무관심한 교사들의 교육 태도와 지나친 자녀 보호주의에 빠져있는 젊은 부모들의 정신세계에 새로운 변화가 와야 한다. 진정 자녀들을 사랑한다면 고리타분하게만 여겨왔던 밥상머리교육을 다시 꺼내 들어야 한다.

택시 기사가 던진 한마디 '너나 잘 하세요'란 말이 생활화 된다면 역설적으로 우리사회의 질서는 바로 잡혀질 것이라는 생각이 든다.

–2010. 4.

꽃 마네킹의 독백

나는 꽃집 옆 담자락에 기대어 비를 맞고 서 있습니다. 얼기설기 나무 막대로 짜여있는 내 몸 언저리에는 닳고 색이 바랜 스펀지 몇 개가 고인 물이 버거워 툭툭 몸을 털고 있습니다.

꽃들은 화실 안에서 주인의 따뜻한 보살핌을 받지만 천대꾸러기인 나는 서 있는 곳이 항상 내 자리입니다. 볼썽사나운 내 이름을 꽃 마네킹으로 불러주세요. 형형색색 아름다운 꽃옷을 입고 화환이라는 이름으로 나서면 나도 그럴듯하게 보인답니다.

계절에 따라 나는 가끔씩 옷을 갈아입습니다. 세상 정말 좋아졌지요. 나라 안에서 생산되는 재료로 만든 옷을 줄곧 입어왔지만 요새는 외국에서 들여온 갖가지 꽃으로 만든 옷을 자주 입습니다.

내가 꽃 속에 묻혀 늘 호강스럽게 지내고 있는 것처럼 보이지만 꼭 그렇지만은 않습니다. 옷을 입을 때마다 컬러가 맘에 차지 않을 때도 있고 향기가 나지 않아 무덤덤할 때가 많습니다. 꽃에는 나비나 벌이 찾아오는 것이 마땅하지 않습니까. 할아버지가 지고 가는 나무지게에 꽂힌 진달래를 보고 노랑나비가 따라간다는 아이들의 노래는 동요 속의 이야기일 뿐입니다.

전화를 받자마자 꽃집 주인은 나에게 황급히 옷을 입히기 시작합니다. 먼저 사철나무나 종려나무 큰 잎으로 벗은 내 몸을 얼른 가려줍니다. 내 몸에 하나하나 꽃옷이 입혀질 때 내가 어디로 가는지 어슴푸레 알게 됩니다.

내가 자주 가는 곳은 예식장이 아니면 장례식장입니다. 덜컹거리는 화물차에 실려 마구잡이로 다루는 아저씨의 어깨에서 내려지면 내가 설자리를 찾게 됩니다. 내가 서 있을 곳이 어딘지 누가 나를 불렀는지 상황에 따라 서열이 매겨지고 서 있을 위치가 달라집니다.

나를 부른 사람의 사회적 신분이 높으면 나도 앞자리 좋은 곳에 보란 듯이 서서 뭇 사람들의 관심을 모읍니다. 하지만 어떤 때는 자리 이동을 하도 많이 해서 몸살이 나기도 합니다. 나 같은 꽃 마네킹이 많이 모이는 날에는 설자리가 없어 쫓겨나는 경우도 있습니다. 내 몸에 곱게 장식된 리본만 떼어내고 밖으로 밀려날 때는 기분이 썩 좋지 않습니다.

그날 운세에 따라 하루에 옷을 여러 차례 갈아입을 때도 있고 벌거벗은 채로 창고나 골목 담 벽에 우두커니 서 있기도 합니다.

본시 나는 한번 입은 옷은 다시 입지 않는 결벽증이 있습니다. 그렇지만 꽃집 주인은 무슨 이유인지 입은 옷에 몇 송이의 꽃만 덧입혀 출장을 보낼 때도 있습니다. 이럴 때는 온 몸이 근질근질, 주인을 수없이 원망합니다.

결혼식장과 장례식장에 갈 때 내가 입는 옷은 전혀 다

를 것이라고 생각하겠지만 별 차이가 없습니다. 꽃집 주인은 마음먹기에 따라 몇 가지 꽃옷 원단을 살짝 바꾸는 기찬 재주를 가지고 있답니다.

내가 외출할 때 자주 입는 옷은 백합, 거베라, 금어초, 글라디올러스, 국화, 소국 같은 것들입니다. 장미원단의 옷을 입고 싶은데 꽃집 주인은 겉만 번지르르한 값싼 것들만 찾지요.

보통 행사장에서는 두어 시간만 서 있으면 됩니다. 사람들은 내 몸에 길게 늘어져 있는 리본에만 유독 눈길을 줄 뿐 내가 어떤 옷을 입었는지 관심조차 없습니다. 주인이 내 몸에 입힐 꽃을 줄이기 위해 내 몸 가장자리에 조화로 만든 나리꽃 원단을 붙여 꽃처럼 보이게 하는데도 말입니다.

한 가지 비밀을 알려드릴게요. 내가 예식장이나 장례식장에 번갈아 갈 때 당연히 옷을 갈아입을 것이라고들 생각하겠지만 그렇지 않을 때도 있습니다. 장례식장에 갈 때는 입었던 옷에서 몇몇 유난한 색깔의 꽃을 빼고 흰색과 노랑 계통의 꽃옷을 섞어 입힙니다. 꽃집 주인의 그날 기분에 따라 보너스로 핑크색을 살짝 곁들이는 경우도 있지요.

이런 내용을 신랑신부나 그 가족들이 알면 기절초풍하겠지요. 모르는 것이 약입니다. 예식장에서 내가 입은 그럴듯한 꽃옷을 보고 예쁘다고만 생각하는 분들에게 감사드립니다.

—2013. 6.

눈짓

우리는 사람의 두뇌를 보여주는 그림을 자주 접한다. 건강에 관한 관심 때문이다.

두뇌 속 복잡하게 얽혀 있는 신경선을 보면서 컴퓨터의 내장도 저렇거니 생각할 때가 있다. 인간의 머리가 두뇌공학을 발전시켰고 컴퓨터는 그 산물 중 하나다.

현대인들은 컴퓨터나 스마트폰이 없이는 하루도 살아갈 수 없는 지경이 되었다. 그것들이 밥을 먹여주고 가정생활에 만족감을 준다. 기기가 고장나면 모든 정보가 단절되고 안절부절 못한다. 완전 기계의 포로가 되고 만 것이다.

고장난 기기는 수리가 쉽지만 사람의 두뇌 고장은 고치기 어렵다. 인체의 신경정신 계통에서 생기는 문제는 모두 두뇌에서 비롯된다. 정신질환도 그렇지만 나이 들어 가장 겁내는 치매는 순전히 뇌기능 고장 때문이다.

사람은 두뇌 속의 거미줄 타래가 뒤범벅이 되면 동물과 다를 것이 없다. 인간의 대뇌는 좌뇌와 우뇌로 나뉘어져 있다고 한다. 좌뇌는 언어적 · 수리적 · 분산적 · 논리적 · 이성적 부분을 담당하고 우뇌는 비언어적 · 시 공간적 · 직관적 감성적 부분을 맡고 있다. 특히 좌뇌는 시각적 정보를 종합적으로 파악하는 기능을 가진다. 우리의 생각과 동작이 두뇌의 명령에 의해 자연스럽게 표현된다는 것이 그저 놀랍기만 하다.

몇 해 전 불고기 집에서 생긴 일이다. 벽 가까이 앉았던 것이 탈을 일으켰다. 벽면의 덜컹거리는 선풍기가 불안해 보였는데 아니나 다를까 선풍기가 나의 머리 뒷부분을 스치면서 떨어졌다. 깊은 상처는 아닌 것 같았지만 뇌를 다쳤으면 어쩌나 걱정이 앞섰다. 엑스레이를 찍고 괜찮다는 판정이 났지만 몇 날을 두고 고심했던 기억이 있다.

초등학교 시절 선생님은 장난치는 아이들에게 벌로 박치기를 시켰다. 그때는 몰랐지만 지금 생각하면 정말 위험한 짓이다.

요즘 헬멧을 쓰는 자전거 마니아가 부쩍 늘었다. 멋내기가 아니라 머리 보호대로 쓰고 있다는 것이다.

두뇌공학의 발달은 우리 생활에 많은 편의성을 제공하고 있다. 밖에서도 집안의 각가지 전자제품을 조종하고 멀리서 차 문을 여닫기도 한다. 편리한 세상이 됐지만 기계는 기계일 뿐이다. 인간 모양의 로봇이 갖가지 표정을 지으면서 사람의 흉내는 내지만 사람은 아니다. 감정이 없기 때문이다. 미래 첨단 전자공학이 꾸준히 발달하더라도 인간의 두뇌를 절대 초월할 수는 없을 것이다.

안과에서 의사가 기계를 통하여 내 눈 안을 들여다 볼 때 나는 가끔씩 묘한 생각을 한다. 의사가 나의 눈을 통하여 내 속 전체를 들여다보는 듯한 착각에 빠지는 것이다.

'눈은 마음의 창'이라는 말이 있다. 어린 시절 나는 도벽이 있었다. 가끔씩 군것질을 위해 남몰래 돈을 훔쳤다. 그 때마다 엄마는 "내 눈을 똑 바로 봐라."면서 다그쳤다. 엄마의 눈을 쳐다보면서도 나도 모르게 눈의 초점이 흐려지는 것을 느끼곤 했다.

우리 몸 가운데 속마음을 가장 잘 표현하는 것은 바로 눈이다. 말이나 행동 없이 눈짓으로만 상대방에게 메시지를 보낼 수 있다. 눈이 말한다는 표현이 바로 이런 것이다.

눈짓은 우리 몸을 표현하는 시그널이다. 눈이 서로 말을 하고 눈짓이 자신을 표현하고 남의 행동을 이끌어 낸다. 눈으로 연기하는 이름난 배우도 있다.

젊은 남녀의 부드러운 윙크는 그것을 보는 옆 사람도 즐겁게 만든다. 하지만 함부로 던지는 나쁜 눈길은 상대방의 기분을 상하게 한다.

고개 숙여 인사를 못한다면 눈으로 인사하자. 눈짓은 언제 어디서나 사용할 수 있는 고장 없는 리모컨이다.

—2012. 9.

외국에서 만난 한글

'고향 까마귀만 봐도 반갑다'라는 말은 극한 상황에서 위로가 필요할 때 쓰이는 말이다. 불길한 징조의 이미지를 갖는 까마귀지만 반가울 때가 있다. 우연히 만난 까마귀가 고향 까마귀인지 아닌지 구별할 재주는 없지만 내가 필요하면 어떤 까마귀든 고향까마귀로 둔갑한다.

나의 처음 외국나들이는 30여 년 전 국제사회복지학회 관계로 대만에 갔을 때다. 언어소통도 어려웠지만 시내 곳곳 어디를 봐도 한자요, 영문 간판도 볼 수 없었다. 외국 땅이라 좀 들뜬 기분이었지만 마음이 착잡했다.

한국말 소리가 들려 고개를 돌렸더니 한국 관광객 몇몇이 이쪽을 쳐다보고 있었다.

너무 반가워 얼떨결에 손을 내밀었더니 상대방도 역시 같은 반응을 보인다. 고향 까마귀를 만난 것이다.

세월이 한참 흘렀지만 지금은 사정이 달라졌다. 아시아 지역은 말할 것도 없지만 세계 어디를 가도 대기업들의 선전용 한글 간판이 지천이다.

외국 관광객 수가 해마다 늘어남에 따라 한국인들이 많이 찾는 관광지나 쇼핑단지, 식당 등에는 한국어로 안내하고 한글로 각종 정보를 제공하고 있어 불편한 점이 전혀 없다.

어느 나라에 가든지 한국관광객을 쉽게 만날 수 있으니 반가움도 없어졌다.

고향 까마귀도 귀찮아질 때가 있다.

세계 10위권의 경제국이 되다보니 나라의 격도 크고 넓어졌다. 돈 잘 쓰는 한국인이 VIP 대접을 받고 있다. 나라의 위상이 높아져 한글까지 수출하는 나라가 되었다. 문자를 갖지 못한 인도네시아 부론 섬의 찌아찌아족이 토착어로 표기할 공식 문자로 한글을 채용하였다. 영어가 세계를 지배하고 있는 때에 564년 한글 역사에서 한글 수출 1호로 주춧돌을 놓게 된 것이다.

도시 농촌을 불문하고 외국여행 안 가본 사람이 별로 없는 세상이다.

젊은층의 여행길은 유럽, 미국 등 서양이 위주지만 나이 든 장·노년층은 가까운 중국 또는 일본을 찾는다. 일본 여행은 가까운 규수 지방이 주를 이룬다. 경비도 적당하고 온천을 좋아하는 층에게는 안성맞춤의 여행지다. 여느 온천장에 가도 한국인 범벅이다.

외국에 수출까지 하는 자랑스러운 한글이 일본 온천장에서는 수치심을 안겨주었다. 한적한 시골 여탕에서의 일이다. 샴푸나 화장품용기 바닥에 오직 한글로만 이렇게 쓰여 있다. '가져가지 마세요.'

외국에서 만난 한글, 이 얼마나 오욕스럽고 부끄러운 일인가. 한국인을 비하하는 경망한 일본 업주의 저질적 소치라고 단정하기에 앞서 반성해볼 여지가 있다.

지금도 동네 여탕에는 타올, 비누, 치약이 없는 곳이 많다. 왜 그럴까. 업주의 말로는 여성들이 몽땅 가져간다는 것이다.

돈으로 치면 몇 푼어치도 안 되고 또 여러 사람이 사용한 때묻은 용품을 왜 가져갈까.

비누가 다 닳아 없어질 때까지 아끼고, 떨어지면 기워서 사용하던 알뜰살뜰 살아온 어머니들의 어렵던 지난날들이 그렇게 만든 것일까.

잘못 형성된 생활문화는 청산해야 한다. 사회 환경도 그렇게 되게끔 조성되어야 한다. 목욕 업주는 남탕과 똑같은 목욕 용품들을 여탕에도 비치하여 자유롭게 사용할 수 있도록 해야 한다. 여성들도 오해를 받는 일이 없도록 처신해야 함은 물론이다.

일본 온천장에서 만났던 것처럼 우리의 글 한글이 우리를 수치스럽게 하는데 사용되어서는 안 된다. 지구촌 어디에서든 반가운 고향 까마귀를 만나듯 한글을 대할 수 있는 날만 있었으면 좋겠다.

—2010. 6.

두려움

녹음방초승화시綠陰芳草勝花時, 초등학교 여름방학 때 작열하는 땡볕에도 아랑곳없이 도시 외곽지의 들판, 연못을 누비면서 잠자리, 매미, 메뚜기를 잡는 것이 큰 즐거움이었다.

수줍은 듯 꽃봉오리를 살며시 내밀고 있는 연꽃이 지천으로 피어있는 연못에는 왕잠자리가 큰 원을 그리면서 주위를 맴돌다가 가끔씩 꼬리를 물에 적시곤 한다. 못둑 언저리의 크고 높은 나무에서는 암컷을 부르는 수매미의 요란스러운 구애의 노래가 귀청을 따갑게 한다. 요즘 매미는 아파트단지 나무에서 또는 베란다 방충망에 붙어서 밤낮을 가리지 않고 불손하게 울어대지만 그때 매미는 신사다워서 밤에 우는 법이 없었다.

여러 종류의 곤충들을 접하면서 소년시절을 보냈지만 사마귀를 만나면 지레 겁을 먹고 그 자리를 피하는 것이 일쑤였다. '사마귀가 눈에 붙으면 장님이 된다'는 얘기 때문이었다. 정말 사마귀가 눈을 멀게 하는지는 알 수 없지만 지금도 사마귀를 보면 깜짝 놀라곤 한다. 사마귀는 얼른 보면 방아깨비와 흡사하다. 크기나 색깔이 비슷해서 그렇다. 메뚜기나 방아깨비를 잡다가 사마귀를 만나면 사마귀를 쫓아버리기는커녕 도리어 자리를 피해야 했다.

나처럼 사마귀를 싫어하는 이가 또 있을지 모르나 사마귀는 그 생김새부터가 맘에 들지 않는다. 자기 보호감각이 아주 특출하여 나무줄기에 붙어 있으면 줄기와 같고 나무 잎에 밀착해 있으면 나뭇잎 같다. 몸 전체에 비해 작은 세모 머리는 360도 회전이 가능하고 크고 불투명한 눈은 연신 사방을 경계한다. 사마귀의 공격적 자세는 독일병정을 연상케 한다. 사마귀의 무기는 유난히 긴 앞다리다. 먹잇감을 발견하면 장대같이 긴 앞다리를 뻗어 재빨리 채어 간다. 단 한 번의 실수도 없다. 아프리카 초원에서 하이에나, 표범이 사냥하는 것처럼 사냥할 때의 자세는 어수룩함이 전혀 없다. 곤충세계에서 이보다 뛰어난 사냥꾼이 또 있을까?

짝짓기를 끝낸 암컷이 바로 그 자리에서 수컷을 잡아먹는다는 이야기를 듣고 긴가민가했는데 TV에서 실제 그런 그림을 본 일이 있다. 수컷보다 몸집이 큰 암컷이 짝짓기를 끝내자 그 수컷을 머리부터 질근질근 씹어 조금씩 조금씩 천천히 먹어치우는 것이었다. 수컷은 아무 저항도 없이 암컷이 하는 대로 미동도 않고 숙명인 양 받아들이고 있었다. 소름이 돋는다.

이 세상 동물 가운데 종족을 퍼뜨리게 해 준 수컷을 암컷이 잡아먹는 류가 사마귀 말고 또 있는지 알 수 없지만 영 좋지 않은 기분은 한참이나 갔다. 짝짓기를 마치자 바로 그 자리에서 수컷을 잡아먹는 잔인함을 보이는 이유는 뭘까?

믿건 말건 내 생각은 이렇다. 영양이 필요한 암컷이 수컷을 잡아먹는다는 일반적 속설은 맞지 않는 것 같다. 경계성, 공격성, 포악성, 독점성이 강한 사마귀가 교미 후 힘이 빠진 수컷이 다른 적에게 잡혀 먹히는 것보다 사랑하는 수컷을 스스로 잡아먹는 것이 낫겠다는 생각에서 그랬을 것이다.

—2012. 6.

스마트폰 유감

"핸드폰 요금 27,000원이 초과 납부되어 당월 요금에서 차감 및 환불이 가능하며 환불은 평일에만 처리가 가능 합니다."

통신사에서 온 메일이다. 내가 스마트폰을 처음 사용하게 된 동기부터 말해야겠다. 근무하던 대학 홈페이지 알림판에 유력 통신사에서 스마트폰을 특판한다는 글이 떴다. 당시만 해도 스마트폰은 보급 초기였고 또 고가라서 소수층만이 사용하고 있었다.

스마트폰에 대한 아무런 상식도 없이 그저 특가판매, 새로운 핸드폰이라는 마력에 끌려 캠퍼스 안 가판대로 갔다. 어떤 기기가 나에게 맞을지 아들에게 전화 상담 후 2년 계약으로 아이폰을 구입하였다.

스마트폰을 사용하면서 시행착오를 많이 겪었다. 무엇보다 전화를 걸면서 연락처에 나열된 이름을 잘못 건드려 얼른 수정하곤 했지만 상대방으로부터 금방 응답 전화가 와서 난처할 때가 많았다. 번호를 잘못 눌러 죄송하다는 말도 한두 번이지 그런 일이 지금도 반복되고 있다. 생활의 이기인 스마트폰으로 스트레스를 받고 있는 셈이다.

내 또래의 주변에서 골치 아프게 스마트폰을 뭐 하러 사용하느냐는 말도 가끔 듣는다. 아직도 옛날 핸드폰을 그대로 쓰고 있는 친구들도 상당수 있다. 아이들이 스마트폰으로 바꿔준다고 해도 아내는 불편하다며 폴더 핸드폰을 고집하고 있다. 전화하고 문자 보내는 것만으로 됐다는 것이다.

나는 스마트폰을 하의 호주머니에 넣고 다닌다. 겉 장

치가 없는 맨 폰이다. 딸아이가 케이스에 넣어 준 것도 거둬버렸다. 주머니가 좁은 바지를 입다보면 줄 서있는 앱이 눌려 제 멋대로 작동할지도 모른다는 생각을 하면서도 스마트폰은 언제나 하의 왼쪽 호주머니에 있다.

여느 달과 달리 약 9만 원의 통화료가 청구되었다. 매월 6만 원 안팎의 사용료가 나오는데 날벼락을 맞은 기분이다. 해외나 시외 통화를 한 적도 없는데 이렇게 많은 사용료가 나오다니. 통신사에 전화했더니 가까운 전화국에 가서 통화 상세 내역서를 뽑아 보라고 한다.

내역서가 엉뚱한 것을 보고 놀라움을 금치 못했다. 7/22일 21:31:39에 국내전화 통화 요금이 27,583원으로 기록되어 있었다. 한 사람과의 국내통화 요금이 이렇게 많이 나올 수가 있을까. 창구 직원에게 물어봐도 모른다는 대답이다. 담당부서를 가르쳐 달라고 했더니 겨우 본사 주소만 적어준다.

서비스 업체가 고객 대하기를 관청같이 하고 있어 기분이 언짢았다. 오랫동안 정부기업으로 운영하다보니 관료제에 물들었나. 이대로 물러설 수 없다는 정의감이 고개를 든다.

말씨름 끝에 팀장을 만날 수 있었다. 우선 명함부터 건넸다. 명함을 흘깃 보면서 자초지종을 듣던 그가 모니터로 한참 확인하더니 시정해 드리겠다면서 이런 말을 했다. "호주머니에 스마트폰을 넣고 다니면 그럴 수도 있습니다." 창구 직원이 한 말도 생각이 났다. "전화 건 사람이 통화를 마친 후 종료를 누르지 않고 전화를 받은 상대방도 통화 후 종료를 누르지 않으면 계속 통화하는 것으로 나올 수도 있습니다." 팀장과 직원의 말이 이해될 것 같으면서도 언뜻 수긍이 가지 않는다.

전화국을 두 차례 방문 후 통신사로부터 받은 메일이 이 글 첫머리의 내용이다. 세계 굴지의 회사 제품이 호주머니에 넣고 다니거나 전화 송수신자가 종료를 누르지 않았다고 해서 그 같은 기기 오류를 발생시킬 수 있을까. 풀리지 않는 숙제다.

고객으로부터 내 경우와 같은 민원이 다수 있었을 것인데 통신사가 왜 근본적인 해결을 하지 않을까. 몰라서 또는 절차가 복잡해서 포기하는 고객도 더러 있을 것이다.

통신사가 고객 빼앗기에 혈안이 되고 있는 것은 누구나 다 안다. 스마트폰 사용 인구도 날로 늘고 있다. 통신사들이 먼저 할 일은 고객을 바보로 만들지 않는 것이다.

—2013. 9.

동화사 단풍

도심 거리에 늘려있는 은행잎은 웬만한 바람에는 자리 이동이 없다. 떨어진 낱낱의 잎이 겹겹이 포개져 있어 그 무게가 바람의 세력을 막는다.

은행나무는 도심 어느 곳에서나 쉽게 볼 수 있는 수종이지만 샛노란 단풍과 바닥에 늘려있는 낙엽은 도시민의 척박한 마음을 잠시나마 순화시켜 준다. 낙엽이라고 하면 뭔가 쓸쓸한 느낌을 주지만 바닥이 보이지 않을 만큼 이리저리 흩어져 있는 은행잎은 가을을 흠뻑 느끼게 한다. 가을의 전령사인 귀뚜라미 소리를 듣기 힘든 요즘, 도시민들은 떨어져 누운 은행잎에서 가을을 만끽한다. 낙엽을 들추면서 은행알을 줍고 있는 노파의 허리 굽은 곡선에서 또 다른 가을을 느끼게 하는 계절이다.

시월의 달력을 떼어버릴 때가 되면 팔공산 드라이브 길은 몹시 붐빈다. 불로동을 조금 지나면 서울 대학로에서나 볼 수 있었던 마로니에 몇 그루가 쓸쓸함을 더하고 있다. 도로 넓히는 공사로 행렬을 짓던 숱한 나무들이 자취를 감춰버려 못내 아쉽기만 하다.

단풍 든 나무들의 무리를 기대하면서 차의 속력을 줄이다 보면 어느새 파계사 길과 갈리는 팔공산 길 문턱에 이른다. 곧바로 길 양편 은행나무들이 나란히 줄 서 있는 모습을 볼 수 있다. 나무 등걸과 뻗친 가지들은 금방 비를 맞은 듯 말쑥하다. 노랗게 물든 단풍잎들이 투명할 만치 맑아 매연으로 찌든 도시의 그것과는 비교가 안 된다.

단풍 구경은 도심을 벗어나야 제 맛이다. 일자로 트여 있는 갓바위 길을 마주하면서 이정표에 따라 동화사 가는 길로 접어들면 고운 옷을 입은 나무들이 앞다투어 마중을 한다. 단풍의 마을 초입에 들어선 것이다. 나무 하나하나의 이름은 모르지만 종류마다 저마다의 채색을 뽐내고 있다. 봄날 화사하고 우아한 꽃 맵시로 겨우내 움츠렸던 마음들을 녹여주던 벚나무는 단풍이 들어도 밉지가 않다.

단풍의 군락 중 가장 눈에 띄는 것은 별 모양을 한 붉은 단풍이다. 짙다 못해 핏빛이다. 단풍 중의 명품이다. 보통 때는 여느 나무들 틈새에서 있는 둥 마는 둥 눈길을 끌지 못했지만 지금은 다르다.

나무들이 제 취향의 옷을 입고 패션쇼를 벌이고 있는 모습은 지금 아니고는 볼 수 없다. 단풍의 운치를 맛보고 즐기면서 가끔씩 다가서는 그리 멀지 않은 산으로 눈을 돌리면 사철 푸른 소나무 틈새에 자리 잡은 잡목들의 소박한 갈색 향연이 정겹다. 아름다운 꽃은 멀리서 보라고 했던가. 가을의 잡목은 가까이서 보면 아주 볼품이 없다. 만지면 우수수 부스러지기도 한다. 짬짬이 멀리서 보는 잡목의 단풍 그림이 이처럼 좋은 지를 예전에는 몰랐다. 단풍을 보고 느끼는 감정은 나이에 따라 다른가 보다.

오르막과 내리막을 거듭하다 보면 옛 동화사 입구에서 좌측으로 꺾이는 언덕길을 만난다. 여기서부터는 지척에서 단풍을 즐길 수 있다. 산속 깊은 골짜기 길이라 단풍의 독특한 색채를 음미할 수 있다.

나는 아름다운 단풍을 보면서도 수종을 구별 못하는 나무 문맹이다. 골치 아프게 나무의 이름을 알아서 무엇하랴. 보고 즐기는 것으로 만족하면 그만이지.

단풍의 군락을 지나면 벌써 잎을 떨어뜨린 나무들을 가끔씩 볼 수 있다. 말라 구부러진 몇 개의 잎을 달고 있는 나무는 보기에 안쓰럽다. 얼마 안 있어 나무들 모두가 남은 잎을 다 내리고 나목이 될 것이다. 요즘 부쩍 단풍 구경을 즐기는 도시민들이 늘어났다. 단풍 들고 낙엽 지는 풍광을 대수롭지 않게 여기던 그때와는 생판 다르다.

사계를 맞으면서 나무는 말없이 그 자리에 있지만 꽃 피우고 녹음을 만들고 열매 맺고 잎을 물들이면서 새 생명을 준비한다. 사람도 나무와 다를 바 없지만 어떤 생각을 하면서 사느냐에 따라 삶의 그림이 달라진다.

도심의 낙엽이 청소부 아저씨의 자루에 담기는 것을

보노라면 허전한 생각이 든다. 인생은 저렇게 되어서는 안 된다는 생각을 하면서.

어린 시절, 늦가을이면 낙엽을 태우는 정경을 어디서나 볼 수 있었다. 낙엽 타는 매케한 냄새가 그리 싫지 않았다는 기억이 있다. '낙엽 타는 냄새에서 갓 볶은 커피 냄새가 난다'는 이효석 수필가의 글귀는 아직도 머리에서 맴돈다. 단풍은 나무에 달려 있을 때만 단풍이지 떨어지면 낙엽이다.

—2011. 11.

그때 그 사과 맛

'50년대 중반까지만 해도 대구는 반 농촌이었다. 도심에서 약간 벗어나면 논밭이 질펀했고 초가지붕의 농가가 집성촌을 이루고 있었다.

방천이라고 부르던 신천은 가뭄에도 언제나 맑은 내를 이루고 있었다. 아이들에게는 수영장이었고 사시장철 빨래터로 아낙들의 발길이 끊이지 않았다.

초등학교 교과서에는 대구가 유명한 사과 산지로 소개되었고 동촌, 반야월은 온통 사과밭이었다.

별다른 놀이가 없던 시절, 학교를 파하면 동네 아이들은 삼삼오오 짝을 지어 동촌 유원지로 내달았다. 대나무 장대 끝에 못을 박아 못의 절반이 밖으로 돌출하게 만든 사과 따는 연장을 챙기는 것을 잊지 않았다.

사과밭은 사방 탱자나무 울타리로 둘러쳐져 있었고, 잘 익은 사과들이 축 늘어진 나뭇가지에 올망졸망 안쓰럽게 매달려 있었다. 장대 끝에 삐죽이 나온 못으로 사과를 꾹 찔러 뱅뱅 돌리면 아무리 큰 사과라도 얌전하게 대나무 끝에 몸을 맡긴다. 이런 방법으로 이른 사과와 늦사과를 내 것처럼 먹을 수 있었다.

가끔 먼 시골 여행을 하면서 키 작은 외래종 사과나무에 탐스럽게 익은 사과가 엄청 달려있는 것을 보면 옛 생각이 밀려온다. 그때 사과 서리는 우리에겐 낭만이었다.

사과에 얽힌 얘기를 하다 보니 어느새 타임머신을 타고 십대 어린 시절로 거슬러 오른다. 아마 그때만큼 겁을 먹은 때도 없었던 것 같다. 초등학교 4학년 정도의 나이였을 것이다.

또래 동무와 함께 사과 서리를 하러 동촌으로 내달았다. 마침 사과 따는 연장을 준비하지 못했기에 사과밭 주변을 몇 차례 빙빙 돌다가 얼기설기 나뭇가지로 만든 출입문이 반쯤 열려있는 곳을 발견하고 몰래 사과밭으로 숨어들었다.

사과를 따서 윗옷에 싸고 있는데 느닷없이 사과밭 주인이 나타나 포로 신세가 되고 말았다. 울며불며 용서를 빌었지만 주인은 우리 둘을 광으로 끌고 가 가두었다. 빗장 거는 소리에 우리의 울음소리는 더욱 톤이 높았지만 주인은 들은 체도 하지 않았다.

천장 아래 백짓장만한 구멍을 제외하고는 전혀 빛도 없는 어둑어둑한 창고에 갇힌 것이 무섭기도 했지만 부모에게 알리고 학교에 연락해서 퇴학을 시키겠다는 주인 아저씨의 엄포에 오금이 저렸다.

친구와 나는 퀴퀴한 냄새나는 창고 안에서 손을 잡고 눈이 퉁퉁 붓도록 울기만 했을 뿐 아무런 대책이 없었다. 처음 당하는 일이고 앞으로 어떤 일이 벌어질지 몰라 겁이 나고 걱정이 태산이었다.

얼마나 시간이 흘렀을까, 빗장 여는 소리가 들렸다. 밝은 빛이 시원한 바람을 타고 창고 깊숙이 밀려 들어왔다. 주인아저씨가 나오라는 시늉을 하더니 샘가에 데리고 가서 눈물로 뒤범벅이 된 얼굴을 씻으라고 한다. 다리가 후들거렸다. 겁에 질린 우리는 아저씨의 다음 말을 기다리고 있었다.

아까와는 달리 아저씨는 부드러운 얼굴로 우리를 타이르기 시작했다. "너희들은 장난으로 사과를 따 먹지만 우리는 사과 농사를 지어 먹고 산다. 앞으로 다시는 이런 짓을 하지 마라." 그러면서 나무 밑에 떨어져 있는 흠집 없는 사과들을 골라 양껏 가져가라고 했다. 우리 둘은 주인아저씨의 고마움에 감격의 눈물을 훔쳤다.

그런 일이 있은 후 나는 사과 서리 하는 버릇을 완전히 청산했다. 지금 생각하면 그 당시 농촌 사람들의 인심은 매우 후덕했던 것 같다.

농촌에서 트럭까지 동원하여 농산물을 대량으로 훔치는 일이 가끔 일어나고 있다. 심지어는 가축까지 전문적으로 훔쳐가는 도둑들이 있다고도 하고, 인삼밭을 도륙

내는 전문 절도단이 횡행하고 있다는 말도 들린다.

어릴 때의 사과 서리나 요즘의 농산물 또는 가축을 훔치는 행위는 질량에서 차이가 있을지 모르나 그 행위 자체는 절도죄라고 생각하니 천진성을 핑계로 어물쩍 넘어가려는 자신의 행동이 부끄럽기도 하고 격세지감마저 든다.

연전 조상의 산소 벌초를 겸해 형제, 가족들과 청송 먼 길을 다녀 온 적이 있다. 공동묘지라 찾기가 쉬웠는데 어느새 주위가 사과밭으로 변하여 우거진 풀숲에서 풍상으로 마멸된 묘지를 찾는 일이 쉽지 않았다. 묘지 옆 가까이에 크지 않은 연못이 있었다는 기억을 더듬어 몇 시간 헤맨 끝에 벌초를 할 수 있었다.

점심 준비를 하는 동안 사과나무로 뒤덮인 주위를 보면서 소년시절 사과 서리 하던 생각이 떠올랐다. 개량종 사과나무는 키는 작지만 사과는 엄청 많이 달고 있다.

사방을 둘러보면서 깊은 산골 허허로운 산자락 키 작은 나무에 매롱 달린 먹음직한 사과를 한 개 뚝 따서 확 깨물었다. 사과 서리를 한 것이다. 청송사과는 꿀사과라고 해서 사과 속살 복판에 샛노란 즙이 고여 있다. 사과 향기와 단맛에 눈을 지그시 감았지만 어릴 적 사과 서리 때의 그 맛은 아니었다.

—2011. 3.

터키 여행 낙수

모스코바를 거쳐 이스탄불까지 12시간이나 걸렸다. 간신히 부탁해서 창가 좌석에 앉았지만 긴 시간이 너무나 지루했다. 좋은 자리가 아니라는 것을 나중에서야 알았다. 다섯 개의 의자가 기다랗게 붙어있는 중간 좌석에는 빈자리가 더러 보였으나 비행기가 이륙하자마자 재빨리 길게 누워 모포를 머리끝까지 덮는 이들이 많았다. 아마도 이쪽 노선 항공기를 자주 이용하는 사람들인가 싶었다.

유럽여행이 그렇듯이 짧으면 2시간, 많게는 6시간의 버스투어는 보통이다. 3월의 터키 날씨는 우리나라와 흡사했다. 대형 버스의 실내는 종일 좋은 컨디션을 유지하고 있었다. 땡볕 날씨가 계속되는가 싶더니 가끔씩 실비가 내렸다가 그치기를 반복한다.

가이드의 설명을 들으면서 나는 잠시 소년 시절로 돌아갔다. 6·25전쟁에서 휴전 때까지 대구에서도 터키 군인을 자주 볼 수 있었다. 군인들은 콧수염에 머리에는 빨간 바탕에 흰 초승달과 별 모양의 마크가 달린 베레모를 쓰거나 중동 사람들이 쓰고 다니는 흰 터번을 머리에 두리두리 감고 있었다. 유엔군 가운데 생김새와 의상이 특이했다는 기억은 아직도 생생하다.

터키는 한국의 8배나 큰 나라다. 묘하게도 지리상 유럽과 아시아의 경계지역에 위치하고 있다. 보스포러스 해협을 경계로 고작 영토의 3%만이 유럽에 물려있지만 터키 국민들은 유럽국가에 속해 있다는 자부심을 가지고 있다고 한다. 유로화를 사용하고 있는 이 나라는 지금 EU국가에 들어가기 위해 무진 애를 쓰고 있다. 앙카라가

수도지만 유럽지역에 위치한 이스탄불이 정치·경제·사회적으로 터키를 대변하고 있는 것처럼 보인다.

한국의 봄 날씨와 비슷하여 만개한 벚꽃도 볼 수 있었다. 황량한 고적지 곳곳에는 이름 모를 삼원색의 들꽃들이 나지막하게 피어 있었다. 바닷바람이 잦아서인지 땅에 납작 붙어 특유의 자태를 뽐내고 있다. 여기저기 돌무덤 틈 사이로 삐죽이 얼굴을 내밀고 있는 꽃들은 연상 양귀비를 닮았다.

지중해 연안의 고대도시 에페소 관광은 이번 여행의 백미였다. 이곳저곳 흩어져 있는 우람찬 돌기둥과 육중한 대리석의 건축물 형상에서 당시 권력자의 무한한 힘과 노예들의 애환을 동시에 읽을 수 있었다. 사람들은 가고 없지만 누리던 영화와 노예들의 피와 땀이 묻은 유적은 보는 이의 마음을 심란케 한다.

일주일 내내 버스로 여러 지역을 순회하면서도 교회 건물은 눈을 씻어도 찾아볼 수 없었다. 마을마다 돔 모양의 이슬람 사원이 자리 잡고 있어 99%의 국민들이 회교도 신자라는 것을 실감할 수 있다.

버스 투어를 하면서 27명의 관광객들이 올랐다 내렸다 하면서도 서로 인사가 없었다. 한주일 내내 같은 공간에서 지내면서도 함께 온 사람들끼리만 얘기를 나눌 뿐 분위기가 어색하고 삭막했다. 휴게소에서 가이드에게 물었다.

"외국여행 하면서 서로 통성명도 하고 총무도 뽑아 공동 경비를 쓰는 것이 일반화되어 있는데 왜 이런 분위기를 만들고 있어요?"

가이드의 대답에 여행풍속도가 많이 달라지고 있다는 감을 잡을 수 있었다. 요즘 여행객들은 프라이버시를 매우 중요시하고 남에게 노출되는 것을 꺼린다는 것이었다. 자연 남녀가 같이 앉아있는 좌석에 눈이 갔다. 수긍할 수 있을 것 같았다. 남을 의식하지 말고 관광을 잘 하자고 같이 온 아내에게 말했다.

외국여행을 다닐 때 현지 관광가이드가 바뀌는 것을 예사로 봐 왔지만 이번 경우에도 젊은 터키 여성이 여행 끝날 때까지 앞자리에 앉아 있었다. 관광지에서 설명은 한국 가이드가 하는데 그 여성은 동행만 할 뿐 하는 일이 없는 것같이 보였다. 나중에서야 알았지만 관광 가이드의 라이선스는 내국인에게만 발급되기 때문에 관광지 내에서의 예약 등 모든 일은 자격증이 있는 가이드의 명의로 해야 한다는 것이었다. 한국 가이드의 고충이 얼마나 클까 마음이 편치 않았다.

유네스코 지정 세계문화유산인 파묵칼레에서 있었던 일이다. 어디를 가나 한국인이 많았지만 가끔 일본 관광객들을 만날 수 있었다. 엊그제 일어난 지진으로 온 나라가 쑥대밭인데 어떻게 외국여행을 할 엄두가 났을까 몹시 궁금했다. 석회질 온천수에 발을 담그는 곳에서 마주하고 있는 40대로 보이는 여성에게 말을 걸었다. 자기가 살고 있는 지역에는 쓰나미 피해가 없어 계획대로 여행을 왔다는 대답이다. 인간의 이기가 어디까지인지 가늠이 쉽지 않았다.

—2011. 5.

제 3 부

굴뚝쟁이

칠순 이야기

팔우회는 고교 8회 졸업생의 소모임 명칭이다. 매월 셋째 토요일, 부부가 함께 모여 친교를 나눈다. 30살 때 첫 모임을 가졌고 회원들의 나이가 70이 되었으니 40년의 연륜이 쌓였다.

15명의 회원이 1년씩 번갈아 가면서 회장, 총무 직을 맡다보니 그 순번이 서너 차례나 돌았다. 성격 탓도 있지만 새로운 분위기 만들기를 좋아하는 나는 젊은 시절, 회원들과 그 부인들에게 한창 뜨고 있는 인기가요를 가르치는 일을 도맡아 했다. 함께 노래를 부르면 모두가 즐거워했고 나 역시 가르치는 것이 좋았다. 노래방, 컴퓨터가 없던 때였으므로 악보와 가사를 수작업하여 유인물을 만들어 돌렸다.

2010년 1월 다시 회장 순번이 돌아왔다. 총무는 경찰서장을 지낸 친구가 맡았다. 대부분의 회원들이 칠순이 되는 해에 회장직을 맡고 보니, 어떤 프로그램으로 회원들과의 유대를 돈독히 할 것인지 심려가 많았다.

남들처럼 아무렇게나 1년을 넘기면 그만이지 머리 쓸 일이 뭐냐는 아내의 타박이 있었지만 나이 든 친구 부부에게 즐거움을 줄 수 있는 뭔가를 찾기 위해 고심하였다. 아이디어가 떠올랐다. 옳거니, 회원들을 위한 합동 칠순 잔치를 열자. 경주 호텔 같은 곳에서 격조 있는 칠순 행사를 해 보자고 마음을 굳혔다.

총무가 찬성해 주겠나 하는 다소 찜찜한 마음으로 부부를 점심 식사에 초대했다. 예상대로 어정쩡한 태도를 취하던 총무가 나의 간곡한 권유에 반신반의 못 이긴 체 따라주었다.

300만 원 이상이 소요될 행사비를 어떻게 마련할까 몇 날 동안 곰곰이 생각했다. 회원 가운데 의사가 4명이나 있으니 회장이 다소 찬조하겠다는 의사를 밝힌 후 40년 지기 친구들의 칠순 잔치를 위해 기꺼이 찬조에 응해 달라고 하면 들어주겠지. 그러면 다른 회원들에게는 부담 주지 않고 행사를 할 수 있겠다는 나만의 생각을 했다.

월례회 날 안건을 꺼냈다. 의외의 주장들이 나오기 시작했다. 그런 행사를 꼭 해야 하나, 경비가 얼마나 드는지 계획서를 내라, 자존심 문제가 있으니 회원들이 똑 같이 비용을 부담하자, 심지어는 몇몇 팀을 짜서 칠순 기념 전국투어를 하기로 작정했다는 등등 분분한 의견들이 나오면서 김을 뺐다.

하지만 포기하지 않았다. 벚꽃이 한창인 4월, 경주에서 행사를 하기로 하고 교육문화회관 호텔에 예약을 서둘렀다. 3월 정기 모임, 많은 논란 끝에 회원들 각자가 경비를 풀이하자는 쪽으로 의견을 모았다. 회장인 내가 이미 찬조하겠다는 의사를 밝혔으므로 그대로 이행하기로 하고 뜻있는 회원들은 자유롭게 찬조해 주면 좋겠다는 요지로

회의를 종결했다.

경주의 벚꽃은 이름이 나 있다. 보문으로 가는 길 양쪽에는 화사한 한복을 입은 여인을 연상케 하는 벚꽃이 만개하여 길손들을 맞이하고 있었다. 당일은 토요일이었다. 보문사 입구부터 밀린 차들이 꼼짝하지 않았다.

행사는 오후 6시부터 시작하기로 되어 있었다. '팔우회원 함께 칠순 모임'이라는 현수막이 걸린 행사장은 좋은 분위기를 연출하고 있었다. 깨끗한 보가 덮인 둥근 탁자들 주위 주위에 앉아있는 부부 회원들의 얼굴은 어느 때보다 밝아 보였다. 이미 자식들로부터 칠순 잔치를 받은 회원들도 동갑 또래 친구들끼리 준비한 자축연에 들떠 있는 모습이다.

오늘밤 이벤트의 백미는 초청가수 공연이다. 나이에 맞게 준비한 몇 곡의 축하노래를 부르는 남녀 가수의 감미로운 혼성 음은 칠순을 맞는 30여 청중들을 잠시나마 아련한 추억 속으로 빠져들게 했다.

노래를 들으면서 이번 행사를 정말 잘 마련했다는 생각에 나는 약간의 흥분마저 느꼈다. 그날 회원들은 나이를 잊은 채 여흥에 취했고 술에 취했다.

이튿날 아침 봄기운이 넘치는 청명한 날씨에 감포행 드라이브는 회원들의 기분을 업 시키기에 충분했다. 연녹색 잎들로 갈아입은 물오른 나무들이 봄의 정기를 맘껏 뿜어대고 언뜻언뜻 늘어선 벚꽃나무의 긴 행렬은 칠순 회원들을 환영하고 있었다. 감포 앞 탁 트인 시야에 들어오는 바다의 넉넉함은 언제나 변함없이 그대로였다.

회원들이 늘 벚꽃처럼 화사하고 물오른 나무처럼 건강하고 바다처럼 포용력이 있었으면 좋겠다는 생각을 해본다.

—2011. 5.

오늘은 새날이다

우리는 시간의 연속성 속에 살고 있다.

아침에 눈을 뜨면 만나는 날은 오늘이다. 오늘은 어제의 연속이요, 내일은 또 다른 오늘이 된다. 어제, 오늘, 내일은 한 다발의 시간적 개념 속에 묶여 있다. 따로 떼어 생각할 수는 없지만 어제, 오늘, 내일 가운데서 무게가 큰 것은 어느 것일까?

다수의 나이 많은 사람들은 허구한 날 어제가 중첩된 과거 속에서 살아온 흔적들을 회상하면서 오늘을 살아간다. 반면 앞날이 많다고 생각하는 젊은이들은 숱한 내일을 기대하면서 미래에 비전을 심는다. 늙은이와 젊은이의 시간적 개념은 이처럼 아주 다르다.

영속의 시간은 역사를 만들어 간다. 그 중에는 개인사도 있다. 시간은 누구에게나 공평하다. 우리는 시간의 중요성을 숱하게 들어 왔다. 하지만 그러려니 귓전으로 흘리면서 살아 온 날이 얼마나 많았던가.

'소년이로학난성少年易老學難成 일촌광음불가경一寸光陰不可輕' 남송의 대유학자 주자朱子의 주문공문집 권학문朱文公文集 勸學文에 나오는 시의 첫 구절이다. 많이 들어 왔지만 옛 글로만 여기고 관심이 별로 없었다.

"내일 지구가 멸망해도 사과나무를 심겠다."고 스피노자Spinoza는 말했다.

"사람은 어느 날 영문 모르고 태어나 먹고 자고 마시고, 때로 기뻐하거나 슬퍼하다 소멸을 맞는다. 이런 한평생이 너무 허망하다고 느껴 자연히 이렇게 묻게 된다. 인생에 어떤 숨겨진 최상의 목적이 있는 것은 아닐까? 그리고 그 목적은 우리를 창조한 어떤 이로부터 부여받은 것이 아닐까? 창조를 통해 자신의 목적을 우리에게 심어 놓은 이는 그 목적이 실현될 수 있도록 세상 만물을 우리를 위해 제공하는 것이 아닐까?" 시간의 쓰임과 중요성을 깨우쳐 주는 금 같은 말들이다.

시간은 활용에 따라 정正과 부負의 효과가 달리 나타난다. 정과 부의 효과가 어떤가에 따라 사람의 행복과 불행이 판가름 난다.

2차 세계대전 당시 전쟁으로 죽은 미국 청년의 수는 30만 명 정도였지만 아들과 남편을 전쟁터로 보낸 가족들 가운데 근심 · 염려 · 불안으로 마음병에 걸려 죽은 이들이 백만 명이 넘었다.

사람들이 걱정하고 불안해하는 것 중 단 10%만이 오늘을 위한 것이고 90%가 지나간 어제에 갇혀 있거나 아직 오지도 않은 내일에 목을 매고 있다고 한다.

과거 · 현재 · 미래의 한 타래 속에서 오늘의 위치와 무게는 정말 크다. 그러나 매일 매일 찾아오는 오늘의 중요성을 망각하고 사는 사람들이 의외로 많다. 바뀌는 날을 무덤덤하게 같은 날로 보고 의미를 부여하지 않는다.

그 동안 나는 바쁘게 살아 온 탓인지 나이만큼 살아오면서도 오늘의 가치를 깊이 생각해 본 일이 없었다. 보통 사람들처럼 때로는 지나간 과거에 조금씩 묻히기도 했고 막연한 미래의 불안에 싸여 있었다.

귀가 부드러워지는 나이가 되어서야 오늘이 얼마나 중한지를 비로소 알게 되었다. 항상 오는 오늘을 새 날로 반갑게 맞아들이기로 했다. 시간에서 느끼는 편견을 교정해서 삶 자체에 긍정심을 심는 방법을 찾기로 했다.

오늘은 언제나 오는 날이 아니고 생애에 꼭 한 번 있는 날이다. 바뀌는 오늘은 색깔과 무늬가 사뭇 다르다. 그 새날을 함부로 대해서야 되겠는가.

나는 계절과 날씨에 관계없이 눈만 뜨면 찾아오는 새날을 맞이할 수 있어 고마움을 느낀다. 그 오늘을 빛나고 아름답게 활용할 수 있도록 최선을 다하려고 한다. 말하자면 형체가 있든 없든 생산적인 오늘을 만들어 가려고 노력한다. 그런 오늘들이 모이면 내 인생의 개인사도 아름답게 꾸며질 것이라는 기대를 가지면서 말이다.

오늘을 맞이하지 못한다는 것은 바로 죽음을 의미한

다. 오늘은 생동하고 있음을 확인해 준다. 오늘은 무한하면서도 유한하다.

무엇으로도 바꿀 수 없는 천금 같은 오늘을 어떻게 보내야 할까. 내 삶에 최선을 불어넣는다는 생각으로 오늘을 풍성하게 가꾸면서 살고 싶다.

아침에 눈을 뜨면 제일 먼저 새로운 날을 주신 분에게 두 손을 모은다. 오늘도 모든 것이 잘 풀릴 것이라는 믿음을 가진다. 마음이 밝아진다.

—2011. 7.

굴뚝쟁이

온돌방은 아궁이에 불이 잘 들어가야 따뜻하다. 아궁이의 불길이 구들장 아래로 잘 빨려 들어가면 굴뚝으로 연기가 시원스레 빠져나간다. 굴뚝이 막혀있으면 불이 잘 들지 않고 연기가 아궁이로 역류하여 불을 때는 사람의 눈물을 뽑아낸다.

나무를 주 연료로 쓰던 시절, 동네 어디서나 굴뚝쟁이를 볼 수 있었다.

막힌 굴뚝을 뚫어주는 굴뚝쟁이는 긴 대나무 끝에 헝

깊 등을 뭉쳐 만든 굴뚝 뚫는 대나무 도구를 둘둘 말아 어깨에 메고는 "굴뚝! 굴뚝!" 하면서 골목을 누비고 다녔다. 그의 얼굴은 늘 검정 범벅이었다.

굴뚝쟁이는 시세말로 소통의 전문가인 셈이다.

자연의 원래 모습은 소통에서 찾을 수 있다. 동식물계가 서로 주고받으면서 질서를 만들어 가는 것은 소통에 하등의 문제가 없기 때문이다.

인간의 물리적 탐욕으로 인한 지구온난화 결과나 자연 훼손의 심각성은 소통의 질서를 깨는 것이다. 소통의 호흡을 맞춰 가면 새로운 변화를 모색할 수 있고 서로간의 관계가 부드러워진다.

인간 세계는 소통의 결핍으로 많은 문제를 야기하고 있다. 사람과 사람 사이, 사람과 조직 간에 소통해야 할 통로가 막혀있어 늘 갈등을 유발한다.

요즘 어디를 가나 소통이란 용어가 인구에 회자되고 있다. 소통은 막히지 않고 잘 통한다는 것이고 서로 뜻이 통하여 오해가 없다는 말이다.

인간관계의 복잡성과 제한된 정보는 소통을 어렵게 하

고 소통의 역류 현상은 인간사회를 불행하게 만든다.

파아슨서Parsons라는 학자는 소통의 중요성을 강조하는 일련의 과정을 환경·투입·전환·산출·환류로 설명하고 있다. 공·사조직을 비롯한 어떤 조직체든 환경에서 투입된 영향물을 산출로 내 보내기 위해서는 전환 과정에서 노력·시간·돈 등 자원을 활용하는 소통의 과정이 절대 필요하다.

민주주의체제에서 이른바 표현의 자유는 소통의 중요성을 부각시키는 말이다.

숫자풀이로 소통의 방법을 얘기해 보자. 5-3=2→아무리 오해가 있더라도 상대방 입장에서 한번, 두 번, 세 번 곰곰이 생각하면 이해가 되고 2+2=4→이해하고 또 이해하면 사랑하게 된다.

상대방의 입장을 고려하지 않는다면 소통의 관계가 이뤄지지 않는 역지사지易地思之의 원리가 적용되고 있음을 알 수 있다.

누구나 가정, 직장 또는 모든 인간관계에서 소통을 방해하는 요인을 갖고 있다. 인간 자체가 이기적이고 욕심

덩어리이기 때문이다.

굴뚝쟁이는 눈으로 볼 수 없고 들어갈 수 없는 연통 속을 진단하여 아궁이와 연통에 꽉 막힌 그을음을 털어 내고 불길이 잘 들게 길을 열어주는 소통의 기술자이다. 지금 우리 주변에는 어디를 가나 소통이 잘 안 된다는 푸념들이 극성이다. 사람간의 소통은 마음을 비우고 자신을 낮출 때에만 가능하다. 소통이 잘 되는 가정, 상하 수평적으로 합리적인 커뮤니케이션이 사회 전반에 서서히 자리 잡아갈 때 우리의 삶은 보다 밝아질 것이다. 너나 할 것 없이 굴뚝쟁이의 소통 기술을 닮아갔으면 좋겠다.

—2010. 6.

이타심과 이기심

젊은 나이 대구시청 공무원이었을 때 '공직의 윤리'라는 가치가 늘 마음속에 있었다. 나의 13여 년 공직생활 중 태반은 사회복지 분야에서 일했다.

사무실을 찾는 민원인들은 영세 저소득층, 오갈 데 없는 노인, 걸인과 껌팔이 아이들, 전국을 방랑하는 행려자들이었다. 월남전이 한창이었을 때는 파월 가족지원 업무까지 맡았다. 경찰이 무연고 변사자에 대한 검안 절차를 거친 후 사망자의 신병을 시로 의뢰하면 장사지내는 일까지도 사회과의 업무였다.

업무 분장에 따라 각자의 일이 나눠졌지만 어쩌다 보니 내가 맡은 사무는 남이 꺼려하는 것들 투성이였다. 지금은 복지가 자랑스러운 행정의 브랜드라고 하지만 70년대 그 당시, 시청 공무원 어느 누구도 사회과 근무를 희망하지 않았다. 사회과는 시청에서 3등과라는 낙인이 찍혀 있었다. 하지만 나는 아무리 궂은일이라도 누구든 해야 할 일이기에 맡은 일은 책임 있게 한다는 신념을 가지고 있었다. 그래서 얻어진 닉네임이 '거지대장'이었다. 그 별명 때문에 '자랑스런 우리 동료'로 뽑혀 시장 표창패도 받았고 그 일로 해서 흑백시대 TV에 처음 얼굴이 나오기도 했다.

출근 시부터 퇴근할 때까지 사회에서 소외된 사람들을 만나는 것이 일과였다. 3D 업종과 같은 일을 하면서도 냄새나고 더럽다는 생각을 하지 않았다. 수심으로 가득 찬 얼굴로 찾아오는 고객들 때문에 어느 샌가 나도 그들처럼 표정이 어두워져 가고 있다는 착각에 빠질 때도 있었다.

옛 시립병원에서는 오갈 데 없는 결핵환자들을 오랜 기간 수용하고 있었다. 이들은 오랜 관급을 먹어온 사람들이라 관청의 행태를 너무나 잘 알고 있었다. 마침 결핵환자 시설을 운영해 보겠다는 사회복지법인이 있어 시설 인가를 바로 해주고 환자들을 민간 시설로 옮겼다.

시에서는 앓던 이를 뽑았지만 결핵환자를 인수 받은 민간 시설은 덤터기를 안게 되었다. 수용생활에 이골이 난 환자들이 야금야금 본색을 드러낸 것이다. 원장이 돈을 떼먹었다, 부식이 나쁘다, 이런저런 핑계로 심심하면 시청으로 몰려와 농성을 벌였다. 속사정도 모르면서 신문기사는 늘 그들 편이었다.

시설 운영 개선을 약속하면서 달래는 것도 잠시뿐 이런 일이 되풀이되고 있었다. 결핵 환자 대표자 네댓 명이 과사무실에서 거의 살다시피 했다. 계속 기침과 골골거리면서 사무를 방해했고 실내공기는 엉망이었다. 그저 달래고 밥 사주고 차비 주고 돌려보내는 일이 고작이었다.

당시 대구시는 경상북도 산하에 있었다. 시에서 말썽

을 잡지 못한다고 핀잔과 더불어 상급기관인 사회과로부터 압력이 잦았다.

천장에서 느릿느릿 돌아가는 세 잎 대형 선풍기도 숨이 차 후끈거리는 8월 여름으로 기억된다. 도에서 긴급 전화가 왔다. 결핵환자 수십 명이 도청 광장에 누워 난리를 피우고 있으니 빨리 와서 수습하라는 것이었다. 도지사가 2층 사무실에서 내려다보고 있으니 속이 탈 만도 했을 것이다.

택시를 잡아타고 도청으로 향했다. 목불인견이 따로 없었다. 그들은 도청 마당에 팔자로 누워있는가 하면 웃통을 벗고 아무 데나 가래침을 뱉고 웅성이고 있었다. 나를 보자 의기양양하게 "김 주사가 여기 뭐 하러 왔노, 시청에서 처리해 주지 않아 도청에 왔다."면서 큰 소리를 질렀다.

그들의 요구를 무엇이든 들어준다는 약속을 하고 돌아오면서 차 안 거울에 비친 내 몰골을 보니 말이 아니었다. 머리는 엉망이었고 얇은 상의는 이리 저리 찢겨 있었다.

도청에서 내어준 버스로 거처로 돌아가면서 결핵환자들은 승리감에 도취되어 있었다. 이참에 "시청 김 주사 집에 쳐들어가자."는 엉뚱한 구호를 외치는 자들도 있었다는 말을 전해 듣고 창피스럽고 겁이 나기도 했다. 불우한 사람들을 도우려는 순수한 마음이 이때처럼 허물어지고 있다는 자괴감을 가진 때가 없었다.

소방관이 무리하게 진화 작업을 하다 순직하는 일, 위험에 빠진 사람을 구하려다 목숨을 잃은 사람, 낯모르는 이들에게 사랑과 자비를 베푸는 종교인, 자원봉사자 등 여러 모양으로 자기를 버리는 사람들을 주위에서 많이 본다.

나는 그들의 숭고한 뜻을 기려야 한다고 생각하면서도 과연 이러한 일이 순수 이타심에서 비롯되었을까 하는 의구심을 가질 때가 있다. 헌신이라는 가치에는 나르시즘이 녹아있는 것은 아닐까. 불쑥 이런 생각을 하면서 이타심과 이기심의 비율이나 분량을 헤아려 본다. 부인할 수 없는 것은 우리가 몸담고 있는 공동사회는 이타심을 가진 사람이 많으면 많을수록 웰빙사회가 되어간다는 점이다.

—2013. 4.

희망원에 얽힌 추억

60년대 후반, 사회분위기는 조용하면서도 침잠했다. 군대에서 하사 제대만 해도 동장 자리가 주어지던 때였다. 그 때 나는 대구시 사회과에 근무하고 있었다. 시내 전역에 구역을 정해서 새벽 거리 청소를 하고 시민들에게 집 앞 청소를 독려하였다. 대문이 잠겨있는 집에 청소하라면서 대문을 차고 흔들어도 새벽잠에서 눈을 비비고 나오는 시민들은 미안한 표정을 지었다. 시민들이 그만큼 순박했는지 아니면 공무원의 힘이 컸는지.

지금 대구에는 눈이 별로 내리지 않지만 당시 겨울에는 무릎까지 묻힐 정도로 눈이 많았다. 신문 사회면에는 종종 동사자가 났다는 기사가 실렸다. 그런 일이 있으면 으레 다음날은 경찰과 합동으로 거리청소년 등 노숙자를 단속하는 것이 상례화되어 있었다. 추운 날 구두닦이, 껌팔이, 넝마주이, 걸인 등 그들이 밤을 새우는 곳은 대구역 대합실이나 시내 음식점 굴뚝 주변이었다. 옹기종기 웅크려 자고 있는 노숙자들을 심야에 단속하여 시립희망원에 강제 수용하는 것이 사회복지의 큰 줄기라고 믿고 있었다.

1958년 성당동에 설립한 대구시립희망원의 기능은 걸인, 부랑아 등 무의무탁 유랑자를 집단 수용하여 거리의 명랑화를 기하는 데 있었다. 1968년 달성군 화원면으로 신축 이전한 희망원에는 미성년자 165명, 장애인 228명, 노약자 22명, 성년자 60명 모두 475명이 수용되어 있었다. 희망원은 대구시가 설립한 종합사회복지시설이었으므로 현장의 직원들은 공무원 또는 고용원이었다.

일시 수용보호시설인 희망원은 민간 사회복지시설에

서 수용자를 보내달라는 요청이 있으면 신병을 인도해 주는 일도 하였다.

이런 일이 기억난다. 당시 어떤 고아원 원장이 미성년 고아를 자기가 운영하는 시설로 데려가기 위해 희망원을 찾아왔다. 십여 살 또래의 아이들을 모아놓고 무슨 물건 고르듯 머리부터 발끝까지 차근차근 살피더니 썩은 사과 골라내듯 머리에 버짐이 있는 아이들을 제외하는 것을 보고 분통이 터졌다. 공영이나 사립이나 당시의 사회복지 관념이 그 정도였다.

'저 하늘에도 슬픔이'라는 영화는 희망원을 배경으로 전개된 슬픈 가족사다. 껌팔이 소년 윤복이는 소년가장이었다. 어머니는 가출했고 아버지는 자식들을 돌보지 않고 술로 세월을 보내면서 병석에 있었다. 명덕초등학교에 다니면서 껌팔이 하는 윤복이는 희망원에 수용과 탈출을 반복하면서도 꿈을 버리지 않고 매일 일기를 썼다. 그것이 담임선생을 통하여 책으로 출간되고 영화화되어 사람들의 눈물샘을 자극하였다.

그리 높지 않은 언덕배기에 28동의 건물이 옛 군대 막

사처럼 점점이 자리 잡고 있는 낮은 지점에 큰 우물이 있었다. 샘을 내려다보면 끝이 보이지 않는 무시무시한 암흑이다. 고지대라 그 깊이가 얼마나 되는지 측정할 수 없지만 물을 퍼 올리는 밧줄의 길이로 봐서 30미터 이상은 되지 않았을까 생각된다. 매일 500명 이상의 수용자 취사를 위해 물을 퍼 올리는 일은 정말 어려운 작업이다. 사람이 직접 두레박으로 물을 퍼 올려야 한다. 우물 위 천장에는 도르래가 달려있고 두레박은 드럼통이다. 열 사람 이상의 장정이 끌어올려야 할 만큼 무게가 있다.

염천 땡볕 아래서 벌어진 풍경이다. 줄을 잡은 십여 명의 장정은 건장하게 보이지만 약간의 정신 결함이 있는 원생들이다. 그들 앞에는 감독격인 원생이 호루라기를 불면서 작업을 지휘한다. 휙 소리에 줄을 잡은 자들이 보폭을 맞춰 두레박이 올라올 때까지 뒷걸음질하면 한 통 가득히 물이 철철 넘친다. 다시 호루라기를 불면 줄을 풀면서 앞으로 나아간다. 이 같은 동작이 쉼 없이 계속된다. 정신이 옳지 않은 사람들이라 불평 한 마디 없다. 사람이 아닌 동물적 기계다. 이들은 하루에 담배 한 갑 받는 즐거움으로 숙명처럼 같은 일을 되풀이하고 있었다.

지난여름은 유난히 더웠다. 베란다 화단에서 초가을을 알리는 귀뚜라미가 울어도 잔서가 잠을 설치게 했다. 지금 대구시립희망원은 대구천주교회유지재단이 위탁받아 운영하고 있다. 공영으로 운영하는 것보다 수용자들의 삶의 가치를 높이기 위해서는 종교재단이 운영하는 것이 더 효율적이기 때문이다. 그 시절 희망원을 거쳐간 거리의 아이들은 오십 줄의 나이에 있을 것이다. 지금 어디서 어떻게 살고 있을까.

—2010. 9.

어떻게 살아가야 할까

과일가게 좌판에 놓인 홍시를 보고 가을을 느낀다. 귀뚜라미가 가을의 전령사란 말은 잊은 지가 오래다. 은행잎은 아직도 푸른색을 띄고 있지만 농익은 열매가 주변에 어지러이 늘려있다. 도심 거리에 짓눌린 은행 알이 환경공해로 천대받고 있는 것을 보면서 생성과 무상의 변화를 실감한다.

나무는 곧 노란 잎들을 모두 떨어뜨리고 조용히 봄을 기다릴 것이다. 가을이 되면 분답스럽다. 겨울을 채비해야 하는 생명체의 순응 때문일까. 가을은 후딱 지나가 버린다. 긴팔 옷을 몇 번 입지 않고 곧 두꺼운 옷을 꺼내야 한다. 옷을 갈아입을 때마다 또 한 해가 다 간다는 다급함에 마음의 평정이 흔들린다.

가을은 많은 것들을 생각하게 한다. 바쁘게 살아가는 생활인들에게 깊은 호흡의 겨를을 주고 피곤에 절은 눈은 창공을 향하게 한다.

계절의 감각은 다소 차이는 있지만 노년의 가을은 젊은이의 그것과는 폼과 격이 다르다. 그러나 지나치게 그것을 의식할 필요는 없다. 힘찬 분수가 색색의 물을 뿜어내는 수성못, 분위기 좋은 찻집에서 짙은 커피냄새에 온 몸을 맡겨보자. 마음 동하는 사람과 마주하면 더 더욱 좋다.

요즘 나는 여생을 '어떻게 살아가야 할까'라는 생각을 문득 문득 할 때가 있다. 살아온 날도 최선을 다 했지만 오는 날을 아름답게 맞이하기 위해서다. '나이 들면 추억에 얽매인다'는 말은 나와는 상관이 없다. 가급적 지난날은 잊으려고 애쓴다.

현재는 오는 날과 끊을 수 없는 고리로 연결되어 있어 바뀌는 날은 늘 새날로 받아들인다. 앞날의 일은 예단하기 어렵지만 오늘에 충실하다보면 그 언저리가 조금씩 눈에 들어온다. 생활인으로서의 자세가 문제될 뿐이다.

나는 또래의 곁사람들에게 앞날의 삶에 대해 가끔 동의를 구하곤 한다. 백세시대라는 말들을 하지만 그것을 누릴 준비가 없는 사람에게는 공염불이다. 지금까지 어떻게 살아왔든 오는 날의 삶에 대비하는 자세가 필요하다. 바로 건강한 미래의 삶이다.

건강한 삶은 육체적·사회적·정신적 건강의 하모니에서 비롯된다. 이 셋의 무게에는 차이가 있지만 상관성과 통합성은 필수적이다. 건강이 인사의 첫 말이 된 지는 오래다. 어디를 가나 건강이 화두다. 육체가 온전치 못하면 아무것도 못한다. 몸을 다스리는 방법은 어디까지나 자기 몫이다.

중요한 것은 사회적 건강이다. 사람과의 관계를 어떻게 유지하느냐에 따라 삶의 지도는 생판 달라진다. 사회적 관계의 단초는 가족이다. 가족 간의 친밀도가 멀어졌다면 이미 개인의 사회성은 좀을 먹은 것이다.

나는 선천적으로 내향성의 소유자였다. 사람들 앞에 서면 얼굴이 붉어지고 의사전달도 어려웠다. 외향성으로 바꾸기 위해 숱한 노력을 했다. 지금은 많이 달라졌지만 내면 깊숙이 숨어있는 수줍음의 씨앗은 어쩔 수 없는 것 같다.

요즘 사람들은 개성이 강해서 거리낌없이 자신을 드러내기를 좋아한다. 건강한 사회관계는 자신을 낮추고 상대방을 배려하는 마음에서 이뤄진다. 사람들과 웃고 대화를 나누면서 즐겁게 보낼 수 있다면 누구나 행복한 삶을 살아갈 수 있다.

덧붙여 취향이 같은 사람들끼리의 사회봉사적 인간관계는 아직도 이 사회에서 내가 필요하다는 존재감을 주며 적극적인 삶의 자세를 가지게 한다. 때때로 바깥 생활을 위해서는 옷도 갖춰 입어야 하고 거울을 한 번이라도 더 봐야하므로 자신을 확인하는 기회를 만들어 주는 유익도 있다.

누구나 일상화된 생활을 반복하기 때문에 사회관계를

무덤덤하게 생각하지만 나이가 들어가면 이 문제를 의식적으로라도 강조해야 한다.

우리는 정신적 건강을 등한시하는 경우가 많다. 육체만 건강하면 정신건강에는 문제가 없을 것으로 생각하지만 그렇지 않다. 사람이 사람답다는 의미는 바른 혼을 가지고 있다는 말이다. 내키는 대로 아무렇게 사는 것이 아니다. 어떻게 살아야 하는가의 명제는 정신세계와 밀접하다.

나는 온전한 몸과 정신을 바로 세워 만나는 사람에게 좋은 인상을 심어주기 위한 학습을 매일 매일 하고 있다. 스산한 바람에 가을이 깊어간다. 햇빛은 엷어졌지만 하늘은 맑고 높다.

—2013. 10.

행복한 인생

♣ 20대와 공무원 시절

인생사에는 많은 변화가 있지만 나는 정말 어려운 시련을 적잖이 겪었다. 가난과 병고로 고3 졸업을 앞둔 시점의 중퇴 위기, 열악한 환경에서의 고아원 총무 노릇, 길지는 않았지만 철공소 생활, 아이 둘 둔 아비로서 주경야독의 대학 공부, 대학원 박사과정에 입학한 후 11년 만의 학위 취득으로 쌓인 스트레스 등등 이루 말할 수 없다. 문득 생각나는 것은 1962년 박정희 군사정부 시절,

부엌칼 만드는 공장에서 일할 때도 꿈을 버리지 않고 신천3동 동사무소를 빌려 야학을 열었던 일이다. 당시 공장에 다니는 아이들, 남의 집 식모살이 하는 소녀 등 사회에서 소외된 불우 청소년들을 모아놓고 한글을 가르쳤다. 낡은 흑백 사진을 보면서, 나이 들쑥날쑥한 그때 그 아이들이 지금은 60이 다 됐을 것이라 생각하며 회상에 잠길 때가 있다. 고교시절 1년간 휴학하다보니 41회로 졸업하게 되었고 40회와 41회 사이에서 너무 많은 갈등을 겪었다. 엉거주춤한 위치에서 친구를 사귈 수도 없었고 41회 모임에 가서도 한동안 정체성을 찾는 데 애로가 많았다. 지금은 41회로 완전 자리를 굳혔지만 그 자리를 얻기 위해 얼마나 많은 노력과 힘을 쏟았는지 모른다. 30대 초, 늦은 퇴근길에 우연히 서예 화방에 들렀다가 '진인사대천명盡人事待天命'이란 여섯 글자의 한자로 쓰인 액자를 구입하게 되었다. 임자년에 쓴 서예가 한정달 선생의 글이다. 지금도 집 안 잘 보이는 벽에 액자를 걸어두고 서체와 글의 뜻을 음미하는 즐거움을 가진다. 고인이 되었지만 수암 선생이 남긴 칸막이 병풍을 비롯한 몇 점의 작품은 아직도 나의 주변에 그대로 있다. 사람은 가고 없지만 그의 혼과 손을 거쳐 간 작품들은 짬짬이 인생을 되뇌는 기회를 만들어 준다. '진인사대천명'은 우리 집안의 가훈이다. 사람의 일을 다 하고 천명을 기다린다는 뜻의 이 구절은 남송의 유학자 호인胡寅이 『독사관견讀史管見』에서 처음 사용했다고 한다. 최선을 다한 결과는 인간의 영역을 넘어선 곳에 있다. 결과가 좋으면 받아들이고 결과가 나빠도 순순히 받아들일 수밖에 없는 것이다.

♣ 왕성한 지방자치 연구 활동

1977년 봄 37세의 나이로 대구보건대학 교수로 채용되었다. 시청 공무원을 하면서 대학원 석사과정을 마친 덕분이다. 그곳에서 4년간 근무 후 나의 일생에 큰 변화를 가져다준 영진전문대학 교수로 간 것이 1981년이었다. 1992년 '한국지방의회의 전문성에 관한 연구'로 행정학박사 학위를 받았다. 내 나이 52살 때였다. 30년 만에 지방자치제가 부활되면서 나의 학위 논문은 빛을 보기 시작했다. 1990년 대학 부설 지방자치연구소의 소장을 맡아 퇴직할 때까지 동분서주 열심히 일했다. 지방에서는 최초로 설립된 지방자치연구소는 대구·경북 및 한국 지방자치발전에 이래저래 많은 기여를 했다. 광역 및 기초의원·공무원 대상 연수(대구 44회 3,152명, 경북 20회 1,342명), 주민자치교육(대구 10회 992명, 경북 35회 11,099명), TV, 방송활동, 신문게재 500여 회 등 정말 바쁘게 일하면서도 보람을 느꼈다. 지역 각계각층 여러 분야의 많은 사람들을 만나면서 인간관계의 폭을 넓혔다. '진인사대천명'의 일념으로 열정적으로 일해옴으로써 지방자치전문가로서의 객관적 인정을 받게 되었다.

♣ 늦깎이 수필가로 등단

나는 일에 대한 욕심이 너무 많다. 성격 탓으로 생각한다. 아내와 아이들로부터 일 좀 적게 하라는 말을 자주 듣는다. 지금까지 살아오면서 목표를 세우고 수정하고 목표가 달성됐든 안 됐든 또 새로운 목표를 설정하면서 지내오고 있다. 4년 전 여름 계간지 문장을 통하여 수필가로 등단하는 기쁨을 누렸다. 10여 년 전부터 지방신문의 사설, 칼럼을 써 오고 있는 터라 글 쓰는 데는 별로 부담을 느끼지 않은 것이 등단의 밑거름이 된 것이다. 나는 중·고교 때 장르를 가리지 않고 많은 책을 읽었다. 남아수독오거서男兒須讀五車書란 말에 심취되었는지도 모른다. 국어를 좋아했고 문학에 대한 관심이 많았다. 숨 가쁘게 살다보니 문학이 아닌 사회과학을 전공하게 되었지만 나의 DNA 속에는 문학을 꽃피우기 위한 겨자씨가 그대로 남아있었던 것 같다. 등단 작가들과의 만남, 수필 창작 교실에서의 젊은 문학도와의 만남, 새로운 삶의 가치를 찾으려는 글벗들과의 조우는 나를 젊게 만든다. 수필문학 3개 단체와 대구문인협회 회원이 됨으로써 문학기행을 떠나는 경우가 더러 있다. 말로만 듣던 이름난 문인들의 태생지를 찾거나 기념비를 접하면서 옛 정취를 만끽하고 문학이 주는 풍만감에 생의 즐거움을 누린다. 동료 글쟁이들의 노래 솜씨와 흥이 그렇게 뛰어난 줄 몰랐다. 아마도 감정이 풍부해서 그럴 것이다. 즐겁고 활기 있게 사는 모습을 보면서 넘치는 행복감에 감사의 마음을 가진다.

♣ 활기찬 노년을 위해

얼마 전 논문 지도교수인 유종해 전 연세대 교수를 만났더니 당신은 이렇게 사신다며 김 교수도 이렇게 살면 좋겠다면서 준 글이 있다. '活到老, 學到老'다. '죽을 때까지 활동하고 죽을 때까지 배운다'는 뜻이다. 이런 가르침대로 산다면 육체적 · 정신적 · 사회적으로 노년을 건강하게 살 것 같은 마음이 든다. 유종해 교수는 50년대 말 나의 모교 경북고교에서 영어를 가르쳤던 유종구 선생님의 제씨 되는 분이다.

당시 유종구 선생님의 별명은 연세대를 표방하는 '세브란스'였다. 종종 수업시간에 외국 팝송을 가르쳐 줬고 미국 영화배우들을 많이 소개해 준 멋쟁이 신사였다. 일찍 미국에 이민 가서 정신과 의사로 활동하면서 가끔 한국에 오시곤 했는데 이제는 연만하여 출입하지 못한다는 말을 유종해 박사로부터 들은 지가 한참 되었다.

나는 평생 일을 하면서 살아왔고 한 번도 쉴 때가 없었다. 대학 강단을 떠난 지금도 바쁘게 지낸다. 개인적으로 지방자치연구소를 열어 지역봉사 차원에서 뭇사람들의 상담에 응해 주고 있다. 그리고 관청의 행정을 자문하고 한국지방자치학회의 고문 역할도 하고 있다. 또 2001년 창간 때부터 지금까지 대구신문 논설위원으로서 매월 2회 고정 칼럼을 집필하고 있다. 잘 하지는 못하지만 아코디언 연주도 한다.

근간 내 생활에 큰 변화를 준 것은 2년 전부터 시작한 대구극동방송국 남성합창단원으로서의 활동이다. 음악 전문가들과 함께 아름다운 하모니를 만들면 늘 마음이 즐겁다. 50명 가까운 단원 가운데 나이는 많지만 화음 속에 묻혀 나이는 잊고 지낸다. 다음 4가지가 충족되면 행복한 삶이라고 한다. 첫째 건강, 둘째 같이 사는 사람이 옆에 있을 것, 셋째 쓸 만한 약간의 돈이 있을 것, 여기에 하는 일이 있다면 금상첨화다. 넉넉하지는 않지만 나는 4가지를 모두 갖고 있어 행복한 사람이다.

—2011. 7.

제 4 부

하모니

공개편지

지금까지 살아오면서 나는 아내에게 편지를 써 본 일이 한 번도 없다. 이유는 간단하다. 떨어져 지낸 일이 없었으니 편지를 쓸 필요가 없었기 때문이다. 에이 팔불출, 늘 붙어 지낸 것이 뭐 자랑이라고. 남세스럽게. 누가 이렇게 말한다 해도 할 말은 없다. 어쩌다 공개편지를 써야 할 입장이 되었으니 편지글이 아내 기분 맞춰 주는 쪽으로 흐를까 저어하면서 이 글을 쓴다.

여보, 조춘길 권사, 내가 당신에게 꿀리는 것은 별로

없는데 당신을 따라 가지 못하는 몇 가지가 있소. 당신 곁에는 늘 사람이 모여드는데 나는 그렇지 못하오. 보아 하니 돈을 많이 쓰는 것 같지도 않은데 당신을 좋아하는 사람이 주위에 아주 많은 것은 정말 홍복이오. 평생 직장 생활을 해 온 내가 당신보다 인간관계의 폭이 넓음에도 불구하고 내 곁에는 사람들이 괴지 않으니 때로는 답답하고 외로울 때도 더러 있소. 사람들은 성격 탓이라고 말하지만 나에게 결점이 많기 때문일 것이오.

당신은 경북에서도 오지 청송 촌사람이 아니오. 그런데도 사람을 품으면서 기죽지 않고 단호한 추진력을 보이는 것은 하나님이 주신 달란트를 잘 활용하는 재주를 가졌기 때문일 것이오. 성결교단에서 전국여전도회장, 전국권사회장을 하려면 상응하는 리더십과 다양한 투입이 필요하다는 것은 알고 있지만 비싼 KTX 여비 들여가면서 한 달에 몇 차례씩 서울 길을 왕래하는 것을 보니 대단하다는 생각을 하기도 했소. 그러면서 당신이 만약 정계에 진출하여 정치를 했다면 성공할 수 있는 사람이란 생각도 해 보았소. 자주 집을 비우는 것을 아는 주위

사람들이 걱정스런 말을 할 때도 그것을 감내한 것은 나의 도량이 커서가 아니고 당신이 하는 일이 하나님의 일이고, 당신이 좋아서 하는 일이고, 그리고 내가 하지 못하는 일을 대신하고 있기 때문에 마음을 편히 가지고 있는 것이오.

또 하나 내가 속이 상해서 말을 안 한다거나 다투었을 때 언제나 말을 걸고 풀어주는 쪽은 당신이었소. 솔직히 말해 그 때마다 속 좁은 내가 좀 부끄러웠소.

특히 무슨 일이든 좋게 생각하는 것, 그것은 내가 배워야 할 값진 가치라고 생각하오. 조엘 오스틴 목사가 말한 '긍정의 힘'을 당신은 소화하고 실천하고 있어서 행복한 사람이오. 나는 당신의 긍정적인 사고 행태를 학습하고 닮아가려고 하지만 잘 안 되는 것 같소. 평생 속 좁은 학자로서 살아온 나의 논리적 행태가 자신을 답답하고 어렵게 만드는 것 같소. 그러나 '매사에 긍정적인 사고' 그것은 아주 값진 가치이기에 계속 노력해서 결실을 보려고 마음먹고 있소.

지금까지 우리 가족은 하나님의 은혜와 큰 축복 속에

서 살아왔소. 대접받으려는 부모가 되지 말고 자식들의 마음을 늘 읽어주는 부모가 됩시다. 그리고 남을 배려하는 마음으로 살아갑시다. 여보, 우리 집 거실에 걸려 있는 서예가 혜정 선생의 글 '서로 위하는 마음 개울처럼 넘쳐흐르게 하여라.' 이 글월을 매일 매일 보면서 넘침을 나누어 주는 지혜를 배우도록 합시다.

당신이 하고 싶은 일을 거침없이 하면서 살기를 바라오. 평생을 섬긴 본 교회를 위하는 일, 대구기독교총연합회 여전도회 활동, 아파트의 부녀회장 일, 꽃꽂이를 배우는 일, 아쿠아스포츠 등 그 무슨 일이든 당신이 하고 싶은 일을 즐겁게 하면서 만족한 삶을 누리기 바라오.

연구조사에 의하면 사람들이 걱정하고 불안해하는 것 중 40%는 과거의 일로, 50%는 아직 존재하지도 않는 미래의 일, 단 10%만이 현재를 위해 마음 쓰고 걱정한다고 합니다. 과거사는 이미 지나간 일이고 오지 않은 미래를 걱정하는 것은 부질없는 일이지요. 오늘은 항상 하나님이 주시는 새날이라는 감사한 마음으로 살아갑시다. 수고 많이 했어요. 사랑해요 당신.

—2010. 8.

가시

어린 시절 우리 집은 일본인이 살았던 적산가옥이었다. 양철 지붕은 소나기나 우박이 떨어지면 소리가 요란했다. 지금은 길갓집이 좋다고들 하지만 그 때 좀 산다고 하는 사람들은 큰길에서 멀지 않은 골목 안쪽 조용한 집을 선호하고 있었다.

대문에 들어서면 바로 잔자갈이 깔려있는 통로가 있었고 그 양쪽에는 잎이 동그란 키 작은 관상용 사철나무가 줄지어 있었다. 방에 앉아 자갈 밟는 소리만 들려도 누가 오는지 금방 알 수 있었다.

집 가까이에는 초가집들이 많았고 흙 담장이 아니면 거의가 탱자나무 울타리였다. 아이들이 구슬치기를 하다 탱자나무 사이로 구슬이 빨려 들어가면 그것을 꺼내려다 손등이 가시에 찔리는 일이 다반사였다.

새잎에 갓 태어난 부드러운 가시는 손끝으로 눌러도 아프지 않아 밉지가 않다. 늦봄, 질펀하게 피어있는 다섯 꽃잎의 탱자나무 꽃향기는 가시나무라 할 수 없을 만큼 매력적이다. 신록 철 무성한 가시는 그 뾰족함이 아주 강렬하고 잘 정렬된 독일 병정 같은 모습으로 우리를 제압한다.

점점이 흩어진 새털구름 사이로 언뜻 언뜻 보이는 청잣빛 하늘이 더 높게만 보이는 가을, 빽빽한 탱자나무 가시 사이로 노란 탱자가 여기 저기 달려있는 모습을 보노라면 기분이 좋다.

요즘 탱자나무는 아무 곳에서나 볼 수 없다. 기껏해야 시골 과수원 울타리나 호박구덩이에 덮여있는, 메말라 엉성한 나무를 볼 수 있을 뿐이다.

지금은 중국산 이쑤시개가 대신하고 있지만 몇 해 전만 해도 다슬기를 파는 아주머니는 탱자나무 가시를 가지고 다녔다.

한참 된 이야기다. 출근 시간에 허둥지둥 밥을 먹다가 생선 가시가 목에 걸린 적이 있었다. 의사가 뽑아낸 것은 아주 미세한 가시였다. 눈에 보일 듯 말 듯한 그 작은 가시가 나를 그렇게 괴롭혔다니 역시 가시는 가시다.

가시를 좋아하는 사람은 없을 것이다. 하지만 예수는 가시를 묵묵히 받아들여 사랑과 희생의 본을 보였다. 가시로 만든 관을 쓰고 고통의 피를 흘리면서 세상 사람들의 허물을 대신하였다. 그는 마음속 깊이 숨겨져 있는 가시를 뽑으라고 우리를 닦달한다.

나는 이 나이가 되도록 나 자신을 스트레스의 블랙홀로 몰아넣는 크고 작은 마음의 가시들을 뽑아내지 못하고 있다. 고집스런 성격, 상대를 이해하려 들지 않는 마음, 물질적 욕심, 명예욕 등등 정말 너무도 많다.

목에 걸린 가시를 뽑았을 때의 그 시원함 이상으로 마음의 가시를 뽑을 수만 있다면 누구나 평안함과 행복을 누릴 것이다. 목에 걸린 가시는 내가 뽑지 못하면 남이 뽑아 줄 수도 있지만 보이지 않는 마음속의 가시는 나만이 뽑아 낼 수 있다.

로마 가톨릭 신부인 랠프 드 브리카사르트와 매기 클레어리의 사랑과 고뇌를 소재로 다룬 콜린 맥컬로의 소설 '가시나무새'에서 가시는 사랑의 업보이자 날카로운 침으로 우리의 마음을 찌르고 있다.

나는 패티 김의 가시나무새를 좋아한다.

황혼이 밤을 불러 달이 떠도
고독에 떨고 있는 가시나무새
어둠이 안개처럼 흐르는 밤에
환상의 나래 펴네……

—2010. 3.

관계

문우들과 송광사를 찾았다. 왕복 1시간 거리에 법정 스님이 머물렀던 암자가 있다고 해서 무턱대고 산에 올랐다. 비가 온 뒤라 찰진 산 흙이 신발에 달라붙어 걷기가 거북했다.

법정 스님이 숱하게 다녔을 외길을 걸으면서 사찰과 암자에 대한 엉뚱한 생각을 해 본다. 큰 절 가까이에는 반드시 암자가 있다. 무슨 용도로 골짜기 험한 곳에 암자를 따로 지었을까. 이리저리 흩어진 생각을 맞추다 보니 그럴듯한 답을 얻을 수 있었다. 속세를 멀리하려는 수행승들의 특별한 기도처란 것을. 법정 스님의 불일암 거처도 같은 맥락에서 이해할 수 있을 것 같다.

불일암은 사위가 대숲과 소나무로 둘러싸인 산자락에 고즈넉하게 자리 잡고 있었다. 본채 좁은 뜨락 옆에 스님이 얼기설기 손수 만든 나무의자가 풍상에 젖어 색이 바랜 채 쓸쓸히 놓여 있었다. 의자라는 형태만 갖추었을 뿐 다듬은 흔적은 안 보인다. 약체의 스님이 저 같은 의자에 노구를 어떻게 맡겼을까. 의자 같지 않은 의자에 앉는 것 자체를 고행으로 받아들인 노승의 수행 모습이 떠오른다.

하산해야 할 시간에 쫓겨 건성으로 암자 언저리를 살핀 탓인지 스님의 온기를 어디에서도 찾을 수가 없었다. 한때 고승이 머물다 간 처연한 자리였다는 생각만 맴돌았다. 아마도 산속 외로이 앉아 있는 암자의 적막함이 그런 생각을 더하게 했을 것이다.

등잔불의 심지를 돋워가며 글을 읽고 산속 옹달샘에서 방금 떠온 샘물처럼 맑고 깨끗한 글을 써 온 스님을 그

려보는 것만으로 위안을 가진다.

법정 스님이 거처한다는 말이 퍼져 사람들이 모여들기 시작하자, 스님은 표연히 암자를 떠났다고 한다. 속세와의 관계 맺음이 그렇게도 싫었던 것일까. 그는 사후에 책을 출간하지 말라는 유언까지 남겼다. 사람도 책도 버리고 가려고 했던 그의 속마음을 읽을 수 있을 것 같다.

그의 생전에 책에서 건진 많은 인세가 장학금 등 이웃에게 쓰여졌지만 고향 가족들을 위해서는 한 푼도 내 놓지 않았다고 한다. 스님의 마음속에는 오직 부처만이 자리하고 있었을까.

몇 해 전 40여 년간의 공직에서 물러났을 때 은퇴했다는 아쉬움보다 못내 아내의 마음을 울린 것은 건강보험의 주체가 아들에게 이관되었다는 사실 때문이었다. 건강보험증 사용에는 하등 달라진 것이 없었지만 마음은 그렇지 않았던 모양이다.

평생 남편이라는 보호막 속에서 살아오다 남편이 아닌 아들의 이름으로 새로운 관계가 이뤄진다는 현실에 순간 마음이 뭉클해진 것이다. 예사롭게 생각해 왔던 남편과 아내와의 관계, 엄마와 자식 간의 관계가 다르다는 것을 실감하였다.

평생 사회과학을 공부해 온 나는 사회관계, 인간관계를 매우 중시하는 편이다. 사람은 도움을 주고받는 관계에서 한 치라도 벗어날 수 없다는 생각에서다.

신앙인으로서 나는 사람관계의 영역을 뛰어넘는 절대자의 보호 아래에 있음을 부인하지 않는다. 나의 실체가 절대자의 손에 의해 지배되고 다듬어져 온 것을 경험하고 있는 이유에서다.

—2012. 6.

창

그 옛날 보통 가정에서는 추석 앞뒤 손 없는 날을 택하여 창문 바르는 일을 했다. 일 년 내내 먼지에 찌들고 얼룩진 창호지를 건성건성 뜯어내고 문짝에 살짝 물을 품어 놓으면 딱 달라붙어 있던 창호지 조각 하나하나도 말끔히 떨어진다. 흰 창호지로 말쑥이 옷을 갈아입은 창문에 햇살이 들어오면 온 집안이 환했고 마음까지 밝았다. 창문 바르는 일을 도맡아 해 온 어머니는 별 모양 단풍잎을 문짝에 붙여 운치를 내기도 했지만 문살 사이에 작은 유리를 붙이는 것을 잊지 않았다.

유리에 눈을 갖다 대면 창 밖 온갖 것이 눈 안으로 들어왔다. 한나절 창문을 통해 방안 깊숙이 햇살이 들어오면 무언가 행복감 같은 것을 느꼈던 기억이 난다.

아파트 출입문에는 안에서 밖을 볼 수 있게 조그만 구멍이 나 있다. 확대경이 달려있는 그곳에 눈을 붙이면 밖이 크고 넓게 보여 사람 식별이 아주 용이하다.

창의 기능은 안과 밖을 구별지우는 것이다. 남을 위한 것이 아니라 내가 보기 위해 만든 것이 창이다. 밖을 내다 볼 수 있게 만든 안경도 창과 같은 구실을 한다.

자동차의 유리창은 밖을 보기 위해 만들어졌지만 차안을 들여다보지 못하게 짙은 유리 막을 붙이기도 한다. 창 밖에서 안을 들여다보는 것은 남의 것을 훔쳐보는 것이다.

어머니가 문창 유리를 입김으로 불어가면서 자주 자주 닦던 모습이 떠오른다. 안경에 때가 묻어있거나 자동차의 앞 유리가 먼지 등에 더럽혀져 있으면 시야를 가리기도 하지만 마음이 답답해진다.

마음의 창이란 말이 있다. 마음의 창은 상대방을 포용하는 창이다. '창문을 열어다오' 라는 세레나데는 상대방이 속마음으로 나를 봐 주기를 바라는 역설적인 구애의 노래다.

유리창이나 안경알에 때가 묻어 있으면 클린 용액으로 금방 없앨 수 있지만 마음의 창에 겹겹이 묻은 때는 지우기 어렵다.

어느 누구도 다른 사람의 마음에 무슨 때가 얼마나 묻어있는지 알지 못한다. 행동이나 말에서 지레 짐작만 할 뿐이다. 마음의 창이 더럽지 않은 사람은 아무도 없다. 거짓, 욕심, 교만, 성냄, 원한, 인색함, 이기심 등등 이루 헤아릴 수 없는 것들이 마음의 창에 더덕더덕 묻어 있다.

식견을 가진 사람들은 나름대로 마음의 때를 씻어내기 위한 방법들을 찾으려고 무던히 애쓴다. 종교에 의존하거나 좋은 책을 읽고 평소 사숙해 온 이들의 삶의 이야기에 귀를 기울인다.

어떤 방법을 택하든 인간은 태생적으로 마음의 때를 안고 태어났기 때문에 그것을 없애기가 그리 쉽지 않다.

돌을 갓 넘긴 어린아이의 행동에서 원초적인 때가 묻어 있음을 발견할 때도 있다.

마음의 때는 마음으로 씻어내는 방법 외에는 그 아무것도 없다. 나는 50여 년 넘게 종교인으로서 살아오고 있지만 마음의 때를 걷어내지 못하고 있다. 작심삼일이다. 씻어도 또 때가 묻고 이런 일이 반복되고 있다. 다짐 또 다짐 하지만 살아가는 연륜만큼 벗겨지지 않는 몹쓸 때가 겹겹이 쌓이고 있다. 내 마음의 때가 내게만 잠재해 있으면 그만이지만 남에게 나쁜 영향을 끼친다는 사실을 간과하고 있는 것이 부끄럽다.

지금처럼 인간이 포악하고 짐승화 되어가는 때가 언제 있었던가. 사람과 침팬지의 DNA구조는 98.7%가 같고 단지 1.3%가 다르다고 한다. 이 1.3%의 차이 때문에 사람도 되고 짐승도 된다. 1.3% 속에는 각양각색의 더러운 마음의 때들이 녹아 있을 것이다. 1.3%, 곧 하루의 약 20분만 변화된 행동을 하여도 마음의 창은 어느 정도 깨끗함을 유지할 수 있을 것이다.

—2010. 10.

하모니

오디션 장에는 이미 많은 사람들이 모여 있었다. 사·오십대 층이 많았고 삼십대도 더러 보였지만 내 나이 또래는 찾아 볼 수 없었다. 장소를 불문하고 사람이 많이 모이는 어디서든 내 나이 비슷한 연령층은 잘 볼 수 없는데 오늘도 마찬가지다. 괜히 왔나 자괴감이 앞선다.

대구극동방송국 남성합창단원 모집에 응모한 날이다. 참가자들의 얼굴에서는 여느 오디션에서 흔히 볼 수 있는 긴장감도 불안감도 읽을 수 없었다. 모두가 평소 교회에서 찬양대원으로 활동해 왔기에 음악에는 이력이 붙어 있기 때문일 거라고 나름 생각했다.

순서를 기다리면서 나이는 숫자라는 말을 몇 번이고 되씹었다. 대기자들 중에는 나처럼 혼자 온 사람도 있었지만 두세 명 함께 온 이들이 더 많았다. 같은 종교인이라 이질감도 없었고 이들과 곧 어울릴 수 있겠다는 생각이 들었다.

한 사람씩 호명하면 오디션 장에 들어가 지정곡이나 자유곡을 부르게 되어있었다. 음악 전공자 두 분이 심사를 하고 반주에 따라 노래를 부른 후 높낮이 목소리 테스트를 한다. 내 순서가 되었다. 즐겨 부르던 찬송가를 불렀다.

중학교 시절, 음악 선생님은 몸집이 크고 유난히 배가 나왔었다. 지 씨 성을 가져 '지돼지'란 별명이 붙은 선생님의 함자를 기억하지 못해 송구스런 마음이다. 지금 생각하면 아마 성악을 했던 분 같다. 선생님은 음악시험을 칠 때마다 한사람씩 세워놓고 피아노 반주에 맞춰 노래를 부르게 했다. 산타루치아, 오 솔레미오를 비롯한 명곡과 가고파, 봄처녀 등 가곡들을 그 때 많이 배웠다. 나는 음악 시험에서 늘 90점 가까이 받은 것으로 기억된다. 음악에 소질이 있다는 말을 주위에서 많이 들었다.

어린 시절, 우리 집은 마당이 백여 평이 넘었고 뒷간은 멀리 떨어져 있었다. 나는 볼일을 보면서도 큰소리로 노래를 불러 어머니에게 혼나는 일도 가끔 있었지만 그 버릇은 고등학교 입학 전까지 못 버렸다. 그렇게 노래 부르기를 좋아했기 때문인지 지금도 음악 감상과 노래하기를 즐긴다. 한창때는 아주 높은 음도 소화할 수 있었지만 세월이 흐르면서 목소리의 톤이 자꾸 가라앉는 느낌이다.

오디션에 합격됐다는 문자를 받았다. 내 나이가 그 일을 감당할지 약간 의문을 가지면서 첫 합창단 연습장에 나갔다.

테너Ⅰ·Ⅱ, 베이스 Ⅰ·Ⅱ로 나눈 파트에서 베이스 Ⅱ에 배정되었다. 베이스의 고음인Ⅰ에 들어갈 줄 알았는데 베이스 Ⅱ에 배정받아 의아심을 가졌지만 나이 탓이려니 하고 생각을 주저앉혔다.

단원들의 파트가 정해진 후 곧바로 연습에 들어갔다.

지휘자가 나누어진 4파트별로 '아이우에오'를 몇 번 시키더니 곧 바로 합창을 시켰다. 평소 단순한 악보만 보아왔던 나는 복잡하게 얽혀있는 악보를 보고 두려움이 앞섰다.

그런데 웬일인가. 네 파트의 단원들이 각 파트별로 합창의 하모니를 뿜어내는 것이 아닌가. 아, 정말 음악 마니아들이 많이 모였구나. 언뜻 자기 소개 시간에 음악 지휘자다, 무슨 합창단원으로 활동하고 있다고 한 사람들의 얼굴들이 떠올랐다.

내 옆자리의 30대 후반의 단원은 긴 머리카락이 잘 어울리는 예술가 타입이다. 저음이면서도 힘찬 그의 목소리에 맞춰 나는 악보에 눈을 두고 목소리를 실었다. 내 목소리가 14명의 베이스II 단원의 합창에 묻혀 같은 소리를 낼 수 있어, 하면 되겠다는 생각이 퍼뜩 들었다.

같은 신앙을 가진 젊은 얼굴들과 마주하면서 좋아하는 음악을 하게 되어 행복감을 느낀다. 얼굴 모양도 같지 않고 목소리조차 다른 사람들이 하모니를 이뤄 좋은 음악을 만들어 내듯이 내 남은 인생도 그렇게 살고 싶다.

매주 한 차례씩 모여 연습하고 다듬은 합창곡은 수시로 방송을 타게 되어있다.

성경에 이런 가르침이 있다. “여호와여, 이제 내가 무엇을 더 바라겠습니까. 나의 희망은 주께 있습니다.” 내 목소리가 방송을 통하여 뭇 사람들의 영혼을 맑게 하는 데 일조를 할 수 있다면 더 이상 바랄 것이 없겠다.

—2012. 5.

나는 일을 만들면서 산다

눈을 뜨면 새날을 주신 분에게 감사를 드린다. 나의 일과다. 미당은 아침마다 1천625개의 산과 각 나라의 수도를 외웠다고 한다. 기억감퇴를 막기 위해서였다.

닮으려고 한 것은 아니지만 나 역시 수 년 전부터 마음 가는 성경 구절을 매일 암송하고 있다.

반신욕을 하는 탕 안에서 눈을 지그시 감고 글귀 하나 놓치지 않고 묵상 삼매경에 빠진다. 100여 개가 넘는 길고 짧은 문장의 성경 구절을 다 외우려면 족히 30분 이상이 걸린다. 성경의 문장 특색은 단출하고 깔끔함에 있다. 보다 중요한 것은 성경 구절이 주는 감동과 심오함이다.

암송하는 성경 구절이 늘어나는 만큼 외우는 시간도 길어진다. 줄곧 외워온 순서대로 성경을 암송하면 막힘이 없이 줄줄 나오지만 정신을 집중하지 않으면 글귀나 장·절을 까먹기도 한다. 이 같은 오류를 범하지 않기 위해 틈새 시간에 매일같이 반복해서 외우는 것이다.

굴지의 세계 문호들이 성경의 문학적 예술성을 극찬했지만 수많은 성경 구절 곳곳에는 범인이 넘지 못할 문학적 표현들이 알알이 담겨 있다. 성경을 암송해 오면서 사안을 보는 눈이 점점 달라지고 있음을 느낄 때가 있다. 긍정적이고 낙천적인 사고로의 진전이다.

빼놓을 수 없는 것은 나이든 사람들이 갖기 어려운 로망이 아직도 내게 있다는 것이다. 엄습해 오는 나이의 압박감에서 벗어나 뭔가 하고 싶은 새로운 일을 꾸준히 찾고 있는 것이다. 긴 공직생활을 마친 후 지금까지 살아오면서 오늘은 무엇을 하면서 보낼까하는 생각을 가져본 적이 없다.

•

퇴직한 지가 10년이 다 되었지만 지금도 바쁘게 산다. 매주 한 차례 대학에 출강한다. 손자 손녀 같은 아이들과 호흡을 같이하면서 전공과 경험을 곁들인 강의를 할 때는 시간 가는 줄 모른다. 그만한 열정이 아직도 남아있다는 사실에 나도 놀란다. 가끔은 나이 많은 교수를 꺼리지 않을까 우려도 해보지만 늘 조심성 있게 수업 준비를 단단히 한다. 전공에만 매달려 있는 학생들의 좁은 시야를 넓혀주려고 애쓴다. 짧은 내용의 흥미 있는 영어문장을 프린트하여 나눠 주고 읽고 풀어가면서 영어에 관심을 유도하는 일도 한다.

이렇게 하면 3시간이 훌쩍 지나간다. 아직도 퇴직을 했다는 느낌을 받지 않는 것은 재직하던 대학에서 학생들을 가르치고 있기 때문일 것이다. 외출 시 옷을 아무렇게나 입지 않는 것도 대학 출강에서 얻은 부수적인 효과다.

평생 쉼 없이 일을 해 왔지만 지금도 나는 일을 자꾸 만들어 간다. 인간관계의 폭이 정상적인 직장생활을 할 때보다 줄지 않았다. 음악을 좋아하다 보니 대구극동방송국의 남성합창단원이 되었다. 60여 명의 합창단원 중 나이가 제일 많다. 젊은이들과 한데 어울려 리허설을 하고 무대에 설 때면 카타르시스가 온몸을 휘감는다. 연전 잠시 배우다가 손 놓았던 아코디언에 다시 심취하게 된 것도 합창단에서 만난 전문 음악인의 도움 덕이다.

무엇보다 내 생활에 변화를 가져다준 것은 수필문학이다. 등단 이후 수필 문우들과의 교감이 내 늦은 삶에 많은 에너지를 주고 있다. 무언가 추구하고 그것을 글로 표현하는 창작의 기쁨을 누릴 수 있다는 것은 청량제에 버금간다. 수필집에 실린 내 작품을 보는 남다른 즐거움도 있다.

일간지에 10년 넘게 써오고 있는 칼럼은 세상 변화에 익숙케 하고 간헐적인 글쓰기의 게으름을 잠재운다. 구청 행정의 자문 역할도 나의 존재감을 일깨워주는 좋은 수단이다. 내 이름을 잊지 않고 찾아준다는 것은 아직도 내가 생동하고 있다는 확실한 증거다.

이런 일들을 하다보면 한 주일이 훌쩍 지나간다. 나이 70은 시속 70㎞라는 말이 아직 내게는 적용되지 않는다.

내가 하는 일들은 돈과는 무관하다. 젊은이들이 갖는 로망에는 못 미치겠지만 나이 의식 않고 마냥 지금처럼 살고 싶다.

나는 소일消日을 하지 않고 작일作日을 한다. 매일 암송하고 있는 성경의 값진 구절들이 그렇게 하라고 가르쳐 주고 있다.

—2013. 9.

잘 될 것이다

요즘 사람들은 너나 할 것 없이 바쁘게 산다. 생활문화가 많이 달라졌기 때문이다. 직장에서 퇴직하면 자유롭게 보낼 수 있는 시간이 많을 것으로 생각하지만 막상 닥치고 보면 꼭 그렇지만은 않다.

점심때 웬만한 식당에는 비슷한 또래의 사람들이 떼거리로 모여 자리를 메우고 있다. 일손을 놓은 사람들의 시간 보내기 만남도 있지만 중년 이상의 여성들이 의외로 많다.

언론사 간부였던 친구는 아침 수저를 놓자말자 출근하듯 무조건 시내로 나간다. 이식이나 삼식이가 되어 아내에게 부담을 주기 싫다는 이유에서다. 동병상련의 친구들과 점심 먹고 차 마시면서 소일하다 해질 무렵에 지하철을 타거나 버스로 귀가한다. 그의 말마따나 생산성 있는 일을 하는 것도 아닌데 사람들은 매일같이 같은 일을 반복하면서 바쁘게 산다.

친구 부부는 여행을 무척 즐긴다. 부부 어느 한 쪽이 나가자고 하면 두 말 없이 차를 몰고 당일치기나 며칠간의 여행을 떠난다. 그러다 보니 좋은 여행지와 맛있는 음식점 찾는 데는 이골이 나 있다.

나는 장거리 운전 여행을 탐탁하게 여기지 않는다. 특별한 이유는 없고 그저 운전이 싫어서다. 그러나 아내는 나와 달리 여행을 좋아하는 편이다. 가끔은 친구 부부와 함께 여행을 떠나는 경우도 더러 있다. 물론 내가 운전은 많이 하지 않는다는 조건으로.

나는 여행보다 칠성시장 같은 재래시장을 둘러보기를 좋아한다. 고교 졸업 후 정신적으로 방황하던 때부터 그랬다. 뭔가 잘 풀리지 않고 골치가 아플 때 시장을 휘돌아보면서 물건을 팔고 사는 모습, 흥정하는 것, 시비하는 일들을 보면서 살아있는 삶의 현장을 경험하다 보면 시간도 잘 가고 마음이 홀가분해진다.

요즘은 시간나면 백화점 이곳저곳을 돌면서 시간을 죽일 때도 있다. 쇼윈도 디스플레이의 신선한 느낌, 오가는 사람들의 모습을 보는 것이 재미있다. 이런 버릇 때문에 아내에게 곧잘 핀잔을 받기도 한다.

며칠 전, 자의 반 타의 반으로 친구 부부와 넷이 2박3일간 장거리 여행을 다녀왔다. 첫날 행선지는 내가 우겨서 정했다. 갓 서른을 넘겼을 때 야간대학에서 만난 후배 나이의 친구와 같이 논산 은진미륵과 부여 낙화암을 찾은 일이 있다. 그곳에 한번 가봐야겠다는 생각을 쭉 해온 터라 바로 차를 몰았다.

사람의 기억은 오랜 세월이 지나면 망각으로 흐르는가. 40여 년 전 은진미륵은 분명히 도로가에 있었던 것으로 기억되는데 생각과는 영 엉뚱한 곳에 자리 잡고 있어 혼란이 왔다. 절 경내를 천천히 돌아보면서 젊은 나이에 고인이 된 친구 생각에 잠시 숙연해졌다.

다음 날은 여행 마니아인 친구가 차를 모는 대로 따르기로 했다. 충청도에서 전라도로 넘어가는 길 양 쪽에는 누렇게 익은 벼가 풍성함을 더해 준다. 미풍에 몸을 맡기고 줄지어 선 코스모스가 반겨주는 질편한 신작로에는 평일이라 그런지 오가는 차가 없어 한가로운 오후 드라이브가 즐겁기만 하다.

해진 뒤 바닷가 어시장에는 제철인 꽃게와 새우가 수조 안에서 살아있다는 신호를 보내고 있었다. 도저히 그냥 지나칠 수가 없었다.

이번 여행의 백미는 새만금이다. 양 옆 바다를 끼고 달리는 새만금의 도로주행은 가히 일품이었다. 순수 한국인의 재주와 기술로 만들어진 총 33.9㎞의 세계 최장 방조제는 어디에 내놓아도 자랑할 만한 역작이다. 바다를 메워 육지로 만든 땅이 끝이 안 보인다. 군산시, 김제시, 부안군을 벨트로 한 새만금이 명품 복합도시로 태어나면 밀레니엄 신도시로서의 면모로 우뚝 서게 될 것이다.

유명하다는 풍천 장어로 점심을 먹은 후 고창의 선운

사로 차를 몰았다. 절 입구에 들어서자 고즈넉한 가을 산사의 풍광이 여행객을 조신하게 만든다. 고찰의 초입 우편 펑퍼짐한 곳에는 타지에서 잘 볼 수 없는 꽃무릇이 지천으로 피어있었다. 붉은 꽃으로 군집하여 다른 꽃들의 근접을 막고 있다. 꽃대 하나하나를 보면 별것도 아닌데 무리지어 있으니 장관이다.

절 안 옛 건물들을 둘러보면서 가히 이름 있는 사찰이라는 느낌을 받았다. 늘 그랬듯이 이 날도 대웅전 뒤꼍과 풍상에 젖은 부속 건물들을 돌아보고 색 바랜 벽화와 단청을 눈여겨보면서 세월의 무게를 읽었다.

우리 인생은 잠시 있다가 없어지는 안개와 같다. 누구나 내일을 알 수 없다. 오늘을 잘 살아야 한다. 즐겁게, 그리고 감사하게, 역지사지의 마음으로 산다면 그게 바로 사는 삶이다.

—2010. 10.

빵과 복지

외식을 할 때 식당에서 사람 수 만큼 밥을 시키는 경우는 극히 드물다. 밥그릇을 깨끗이 비우는 사람들도 찾아보기 어렵다. 밥을 남기는 손님이 많다 보니 그릇 크기가 작아졌고 그나마 밥도 적게 담는다.

밥이 홀대 받는 세상이 되었다. 못 먹어 굶어 죽었다는 말을 들어본 적도 까마득하다. 배가 볼록 나오고 가슴뼈가 앙상한 검은 대륙의 어린이가 배고파 징징대면서 야윈 엄마의 젖을 빠는 모습을 보면서도 그저 그러려니 한다. 보릿고개나 초근목피가 뭔지도 모르는 세대들은 사람이 굶어죽는다는 말을 얼른 이해하지 못한다.

복지라는 말이 지금처럼 사람들의 입에 오르내린 적도 없었다. 복지라는 용어가 일상어에서 많이 쓰이고 있다는 것은 좋은 일이다. 나라나 국민들의 살림 형편이 좋아져서 나온 말이어서다.

복지의 고향 영국에서 '요람에서 무덤까지'란 말을 창안한 비버리지Beveridge경은 인간생활을 위협하는 사회악 가운데 가난을 첫 손가락으로 꼽았다. 바로 빵 문제다.

사람의 욕구는 늘 높은 곳을 향한다. 욕구에도 단계가 있다. 빵 문제가 해결되면 보다 한 단계 높은 곳으로 눈을 돌린다. 여행이나 문화생활이 그것이다.

요즘 끊이지 않고 열리는 각종 문화행사는 생활의 여유를 대변하는 바로미터다. 이름 있는 출연자의 공연장에는 문화를 즐기려는 사람들이 줄을 잇는다. 입장료가 엄청 비싸지만 매진되는 경우가 많다. 좋은 현상인지 모르지만 여기서도 빈부의 격차가 두드러진다.

인간의 삶은 블루오션blue ocean 가운데서 끊이지 않는 경쟁을 벌이는 것이다. 경쟁의 주변에는 환경에 적응하지 못한 탈락의 그림자가 늘 서성인다. 흔히 복지에서 말하는 사회부적응자다.

빈부의 큰 틈을 메우기 위한 장치가 복지 프로그램이다. '가난 구제는 나라도 못한다'라는 옛말이 있지만 지금은 개개인의 가난을 국가가 책임져야 하는 시대가 되었다. 자본주의체제가 안고 있는 모순을 약화시키기 위한 배려다.

문제는 가난의 기준이 뭐냐는 것이다. 국가가 경쟁에서 뒤쳐진 사람들의 바람을 해결하기 위해 최저생계비 또는 최저임금제를 마련하고 있지만 상징적이고 추상성이 짙다. 이런 틈새에 정치체제가 비집고 들어오면서 국민들을 현혹한다. 표를 주면 빵 이상의 욕구를 다 해결해주겠다는 선거용 약속을 내민다. 말대로 되었으면 얼마나 좋으랴.

복지국가의 형성은 국가의 복지 프로그램이 잘 짜여 있고 국민들의 복지의식이 높을 때 가능하다. 나만 잘살겠다는 생각을 가진다면 복지국가는 영영 오지 않는다.

복지재원을 국민이 부담해야 하기 때문이다.

복지혁명은 국가 지도자의 결단에 달려있다고 해도 과언이 아니다. 욕을 먹으면서도 복지의 깊은 병 수렁에서 일찍 탈출한 선견자는 미국의 레이건과 영국의 대처다. 그들은 한번 약속하면 영구적이라는 복지의 두꺼운 벽을 허물었다. 늘어나는 복지비용의 국가부담을 줄이기 위해 복지예산을 손본 것이다.

우리보다 갑절이나 잘 살던 유럽 몇 개 나라가 선심용 복지 삐라를 마구 뿌리다가 된서리를 맞았다. 지금 복지 틀을 고치는 나라가 늘어가고 있다. 모든 국민들을 염두에 둔 보편적 복지를 최대 목표로 두고 맞춤형 선별적 복지를 취하는 것이 복지정책의 지혜다.

복지 수혜자의 행태도 바뀌어야 한다. 복지는 공짜라는 망상을 가진 사람이나 나랏돈은 먼저 보면 임자라는 생각을 가진 사람이 있는 한 복지는 없다. 가진 것에 만족하고 자유롭게 살아가는 환경을 만들어주는 것이 복지의 요체다. 복지는 풀기 어려운 영원한 숙제다. 복지의 단초는 빵을 해결하는 문제에서 출발한다.

—2013. 8.

제 5 부

인권의 무게

칼럼의 매력

내가 쓴 수필이 처음 활자화 되었을 때 아내는 대뜸 칼럼 같다고 했다. 아내의 지적을 나무랄 수는 없다. 다른 글들과 비교하면 내 글이 딱딱하다는 것은 나 자신도 잘 안다.

나는 어느 누구로부터도 글에 대한 평가를 받지 않고 자유자재로 내 생각을 글로 표현해 왔다. 십수 년 전부터 칼럼을 써온 탓이다. 지금도 매월 두 차례씩 일간 신문에 고정칼럼을 써 오고 있다. 컴퓨터 앞에 앉으면 원고지 10

매 분량의 글을 두세 시간 안에 소화할 수 있는 훈련이 되어 있다. 무슨 제목으로 어떤 내용의 글을 쓸까 컴퓨터 자판을 두드리기 전까지 여러 생각이 멈추지 않는다. 정해진 날에 원고를 보내야 하기 때문에 글에 매여 스트레스를 받는 일도 더러 있다.

칼럼이다 보니 정치·사회문제가 글의 주제가 될 때가 많다. 글의 성격상 시의에 적절하고 독자의 입맛에 맞는 쪽으로 접근해야 하고 주제에 맞는 비판은 필수적이다. 내 생각에 독자가 동조하고 비판에 속 시원해야 하는 것이 칼럼의 매력이다. 이런 글만 계속 써 오다 보니 어느새 내 글이 감성을 찾기 힘든 글로 영글어졌는지도 모른다.

수필을 써 오면서 내 글을 성찰할 때가 가끔씩 있다. 감성이 들어가는 글을 써야 하지 않겠느냐는 것이다. 그러면서도 수필은 반드시 감성적이어야 하는가에 대한 의문을 갖기도 한다. 칼럼은 어느 장르에 속하는가. 수필 습작 가이드북에서는 칼럼을 중수필로 분류하고 있는데 내가 지금 쓰고 있는 글은 수필이 될 수 없는가. 자문하면서 자가당착에 빠지기도 했다.

보통 수필집에서 보는 글들은 어릴 때 이야기, 고향 이야기, 가족 이야기 등 보통사람들의 가정사가 대부분이다. 부모나 그 옛 가족사에 관한 글에는 감정이 묻어있고 때로는 눈물을 수반한다. 글을 읽는 이에게 공감을 주기도 한다. 그러한 글의 흐름은 내 글의 모드와는 아주 다르다.

지금까지 써 오던 글의 스타일을 완전히 바꿀 수는 없다는 생각에 머리가 지끈거릴 때도 있다. 내 고심을 수필지도 멘토에게 털어놓았다. "자기 글을 쓰면 된다."는 말에 내가 쭉 써 오던 글을 발전시켜가면서 독자의 마음을 끌 수 있는 글을 써야겠다는 마음 다짐을 한다.

읽는 이에게 호감을 주는 글은 어떤 것일까. 감성적인 글이 꼭 좋은 것일까. 금방 독자의 마음에 와 닿는 시도 있지만 무미건조한 시도 있지 않는가.

나는 내 나름대로의 글 스타일을 만들어 가려고 애쓴다. 누구나 고개를 끄덕이게 하는 그런 글, 단맛은 없지만 뒷맛이 남는 글을 쓰려고 한다. 내 글을 읽는 이의 마음을 후련하게 해주고 의사의 소통을 유도하는 교시적·교도적 글을 쓰려고 한다. 누룩 같은 글, 눈에 보일 듯 말 듯 하지만 큰 나무로 성장하는 겨자씨와 같은 글을 쓰고 싶다.

어떤 글이든 내 글에 대한 평가는 아내가 먼저 한다. 근래 들어 글이 부드러워지고 있다는 말을 들었다. 아내는 내가 지향하는 글의 주제나 깊이를 떠나 문장의 유려함만 보고 평가하는 것이란 것을 나는 안다.

요즘, 같은 뜻이지만 문장을 쉽게 끌어가기 위해 용어 선정에 신경을 쓰고 있는 자신을 발견한다. 새삼스럽게 글 쓰는 일이 정말 어렵다는 생각이 들 때도 있다. 잘 써 보려고 하면 글이 안 되고 생각이 뒤엉킨다. 글의 욕심에 갇힌 때문이리라. 늘 해오던 대로 글을 써야겠다는 생각으로 마음을 다잡는다.

나는 나쁜 글 버릇을 가지고 있다. 글을 끝냈다 싶으면 다시 읽고 수정하는 일에 지극히 인색하다. 어느 기자가 법정 스님과 인터뷰할 때 사진기자가 셔터를 계속 눌러대는 것을 보고 "필름이 아깝지 않느냐?"고 물었다.

괜찮다고 했더니 "그러면 천 번쯤 찍어라."고 하더라는 것이다. 그 기자가 허튼 소리를 않는 스님이 왜 그런 말을 했을까 두고두고 생각한 끝에 천 배 하듯 인생을 생각하고 고쳐가면서 깊이 있게 살아가라는 답으로 받아들였다고 한다. 남에게 공감을 주는 글을 쓰기 위해서는 쓴 글을 몇 번이고 뜯어 고치겠다는 작심과 인내가 필요할 것 같다.

—2011. 11.

도가니

소의 볼기에 붙은 고기를 도가니라고 한다. 음식점에서는 무릎도가니탕으로 통한다. 몸보신에 좋다고 해서 나이든 사람이 좋아하는 음식이다. 도가니는 또 다른 의미가 있다. '쇠붙이를 녹이는 데 쓰이는 흑연으로 만든 그릇'을 일컫는다.

일반인에게 생소하게 들리던 도가니란 말이 회자되고 있다. 영화 '도가니'가 히트를 치면서다. 도가니란 제목의 소설이 영화화되면서 제명을 그대로 붙인 이 영화는 우리 사회의 어두운 부분을 적나라하게 보여주었다. 반 노블레스 오브리주, 종교인의 가식, 사회지도층의 왜곡된 행태, 인간의 양면성 등이 하나의 카테고리에 담겨 있다. 영화 도가니는 쇠붙이를 녹이는 그릇에 빗대어 묘사된 것이다.

지금 우리 사회는 걷잡을 수 없이 하이브리드hybrid 퓨전fusion사회로 치닫고 있다. 단순성을 요구하면서도 결과를 도출하는 과정에서 융합성이 무시되지 않고 있다. 사회·환경적 여건의 변화로 복잡한 과정을 겪어야만 바람직한 상태에 이를 수 있다는 것을 당연한 것으로 받아들인다.

공동체는 상이한 가치를 유사한 가치로 통합해 가는 인간들의 집합체로서 그 나름의 변별적 틀을 만들고 독특한 문화형성을 수반한다. 말하자면 나름대로의 새로운 가치를 하나의 범주 속에 저장하는 것이다. 그런 면에서 인간사회의 수많은 공·사조직은 특유의 도가니를 형성하고 있다고 봐야 한다.

조직을 구성하는 인간들의 생각과 가치가 도가니란 틀

속에서 융합되어 나름의 기능을 수행하면서 다양한 사회 환경을 만든다. 모든 집합체가 쇳물을 녹이는 도가니처럼 조직원의 상반된 이해를 용해하면서 공통된 목표를 추구하기 위한 노력을 게을리 하지 않는다. 외형상으로는 공익 · 평준 · 형평 · 민주 · 복지 등등의 가치를 내 걸고 그럴듯한 제스처를 쓰고 있지만 핵심은 자기본위의 이기로 덧 입혀 있는 경우가 많다.

영화 도가니 속으로 들어가 본다. 영화가 끝날 때까지 나는 죄스러움에 몸 둘 바를 몰랐다. 말 못하고 듣지 못하는 미성년 아이들을 성추행하고 폭행하는 당사자들 모두가 크리스천이란 점에서 울분에 치를 떨고 부끄러움에 얼굴을 붉혔다. 시민단체의 끈질긴 노력도 법 전문가 집단의 조작적 피고 구출 작전에는 손을 들 수밖에 없었다. 변호사는 피고를 도우는 측면에서 꼭 필요한 존재지만 파렴치한 범죄자의 형량을 줄이거나 죄 없음으로 만드는 기술이 절묘하여 변호사라는 직업을 재평가해 봐야겠다는 생각이 들었다. 검사도 출세욕에 짓눌려 제 구실을 피했고 전관예우라는 전통이 재판에서 지대한 영향을 미친다는 사실을 새삼 읽을 수 있었다.

영화 도가니는 종교인의 탈을 쓴 거짓 사회사업가, 감독관청, 경찰, 검사, 변호사, 판사 등이 한 무리가 되어 불법적 · 부도덕적 하이브리드를 형성한 우리 사회의 한 단면을 잘 보여주는 논픽션 물에 가깝다.

유전무죄 · 무전유죄라는 용어가 얼른 머리를 스친다. 돈으로 있는 죄를 없게도 만드는 이 사회가 과연 정의로운 민주사회라고 할 수 있을까. 단순한 법의 잣대로 불법을 합법으로, 부도덕을 도덕으로 재단하는 경우가 얼마나 많을까. 인권 · 정의의 탈을 쓴 독버섯 도가니들이 사회 곳곳에 산재해 있지만 그것을 어떻게 들춰낼 수 있을까. 종교인의 역할은 과연 무엇일까. 이런 저런 생각으로 마음이 몹시 무겁다.

우리는 역기능적 도가니들이 정치 · 경제 · 사회 · 교육 · 노동 · 복지 · 문화 등 각 분야에서 암묵적인 활동을 벌이고 있는 것을 느끼고, 때로는 목도하고 있다. 불법 도가니는 사회의 악이다. 국가 · 사회를 형성하는 각 체제는 역할과 기능에 따라 제 나름의 도가니에서 새로운 창조와 질서를 계속 만들어 갈 것이다. 사회에 유익을 주는 도가니 체제는 많을수록 좋다. 도가니가 악화가 양화를 구축하는 꼴이 되어서는 바른 사회가 될 수 없다.

—2011. 10.

호칭의 변질

요즘 가장 많이 사용되는 호칭呼稱이 있다. 사장이나 선생이다. 상대방에게 어떤 존칭을 써야 할지 애매한 상황에서는 무조건 사장이라고 하면 통한다. 선생도 마찬가지다. 일면식도 없는 전화 안내원이 일상화된 목소리로 '고객님 사랑합니다'라는 말을 하는 것과 같은 뉘앙스다. 사장이든 선생이든 낱말이 지니는 의미는 고사하고 부르기 편하고 듣는 사람이 부담을 느끼지 않으면 그만이다.

우리는 존칭 인플레이션 시대에 살고 있다. 용어 의미의 변질은 일상생활에서도 그대로 나타난다. 젊은이는 말할 것도 없고 마흔이 넘는 부부들 사이에서도 남편을 '오빠'라고 부르는 것이 이제는 자연스럽게 되었다. 아내가 남편을 오빠라고 부르는 것과 진짜 여동생이 오빠라고 부르는 것의 차이는 무엇일까.

언어의 순화라는 말이 사라진 지는 오래다. 우리 사회에서 언어의 변질을 만들어 가는 주체는 누구일까. 꼬집어 말하기는 뭣하지만 엔터테인먼트 분야 종사자와 광고 수입에 목을 매고 있는 매체가 아닐까 생각한다.

근래 TV 프로그램의 장르별 패턴이 급변하고 있다. 지상파 방송사가 경쟁적으로 시청률에 힘을 쏟다보니 엇비슷한 내용의 프로그램이 양산되고 싫증이 난 시청자의 입맛에 따라 새로운 장르를 꾸준히 개척해야 할 처지가 되었다. 무슨 방송 채널이 그렇게도 많은지. 생산성 없는 프로그램들이 판을 치고 있다.

'웃음이 건강의 보약'이라고 하면서 억지웃음 만들기에 영일이 없다. 개그 장르가 그 판세의 중심에 있다. 개그맨들은 힙합이 노래와 춤을 곁들이듯이 유별난 몸짓과 언어유희로 시청자의 관심을 유도하고 그 뒤에는 시청률과 광고수입을 노리는 TV 방송이 있다. 개그맨의 히트작이란 것은 주로 말장난에서 비롯된다. 여기에 TV 오락 매체들이 한 술 더 뜨면서 언어 의미의 변질을 부채질함으로써 부지불식간에 시청자들의 언어 의식을 황폐화 시킨다.

나는 TV 채널이 몇 개가 있는지 영 관심이 없다. 공중파에서 정보의 순수성을 찾아보기 어렵기 때문이다. 최근에 시청률을 자랑하고 있는 TV가 매체로서의 사명감을 저버리고 인기영합주의 방송을 하는 것을 보고 어처구니없다는 생각을 한 적이 있다.

주요 정치문제를 다루는 종합채널이 정부 각료의 아들 병역문제를 논하는 프로에서 병풍사건으로 널리 알려진 김 아무개라는 사람을 앉혀놓고 대담을 하고 있었다. 그는 수 년 전 대통령 후보자의 아들이 병역 부정으로 면제를 받았다면서 세간에 파문을 일으켰고 유력 당선자를 낙마시켰던 장본인이다. 명예훼손과 무고죄로 징역형을 살고 나왔다. 진행자가 그런 파렴치한 전과자를 병무전문가라고 지칭하면서 "선생님은 어떻게 생각하느냐."는 등 격에 맞지 않는 호칭을 사용하는 것을 보고 크게 놀랐다. 그는 전혀 부끄러움 없이 "지금도 한국에는 권력 있고 돈 많은 사람들의 아들이 돈을 주고 병역면제를 받고 있다."고 자신 있게 말하고 있었다. 한 술 더 떠서 스스로 병무부정 색출전문가로 자처하면서 자신에게 의뢰하면 병무 부정자를 족집게처럼 찾아내 준다고 호언하고 있었다. 듣는 내가 부끄러웠다.

유행하는 예능프로 채널에서 또 다른 역겨운 장면을 보았다. 예능프로라는 것은 몇몇 연예인과 입심 좋은 사람들이 모여앉아 별로 도움이 안 되는 방담으로 자기네들끼리 웃고 떠드는 것으로 짜여진 내용이다. 이 프로에 대도로 이름을 떨친 조 아무개가 이혼 후 출가한 부인과 함께 출연하고 있었다. 주로 옛 가정사를 듣는 내용으로 꾸며졌지만 여기서도 대도로 알려진 사람이 유명인으로 둔갑하는 모양새가 되어 마음이 불편했다. 승려복을 입은 전 부인 곁에 앉은 대도는 웃음 띤 얼굴로 당당하고 거침없이 말을 쏟아내고 있었다. 도둑질할 때 절대 외국인 집은 털지 않고 사람을 해치지 않는다는 등 도둑질에도 원칙이 있다면서 영웅담을 늘어놓는 것을 보고 당사자보다 TV매체가 더 저질이라는 생각을 했다.

이름 있는 채널이 전과자들을 불러놓고 전문가 대접, 선생 호칭하는 모습을 보면서 이런 프로가 국민들에게 어떤 도움을 줄지 생각해본다. 언론이 '제4의 정부'라고들 하지만 언론의 사명이 워치독watchdog이라는 것을 잊고 있는 것은 아닐까.

—2013. 2.

인권의 무게

'풍파에 놀란 사공 배 팔아 말을 사니
구절양장九折羊腸이 물 도곤 어려워라.
이후란 말도 말고 밭 갈기만 하리라.'

문인과 무인으로 살면서 공도 많이 세웠지만 당쟁으로 두 번의 유배생활을 한 장만張晩이 벼슬 생활에서 겪은 시련을 읊은 시조다. 말은 않았지만 농사일도 쉽지 않다는 것을 암시해 주고 있다. 인간사 쉽지 않음에 누구나 공감이 가는 산조다.

바다와 멀리 있는 사람들의 마음속에는 늘 바다가 있다. 풍성한 바다는 많은 것들을 품고 안아 준다. 엄마의 젖 냄새를 닮은 달콤함과 비릿함이 있다. 창창한 검푸른 바다, 석양에 붉은 해를 품안에 안는 바다는 멀리서 보듯 늘 아름다운 정경만은 아니다. 가까이 가면 그 도도함과 깊음에 두려움을 느끼기도 한다. 바람을 안고 노도가 되면 눈앞에서 입을 벌린 범보다 무섭다. 일본의 쓰나미가 생각난다.

전라남도 신안에 가본 적이 있다. 자동차 길이 없을 때다. 목포에서 배를 타면 한참을 간다. 물에 뜬 도토리같이 올망졸망한 작은 섬들이 뱃길 따라 안개 속에 묻혔다가 되살아나 그 크기를 가늠할 수 없다. 멀리서 보는 섬들은 일상에서 만날 수 없는 아름다운 그림이다.

신안은 국내에서 많은 섬을 가진 땅이다. 섬을 찾는 여행객들이 엄청 불었다. 신선하고 넉넉한 해산물은 섬사람들의 생활을 윤택하게 만들었다. 이곳은 소금생산지로서 더 이름이 나 있다. 딸려있는 섬들이 많으니 소금밭이 많다.

소금은 바닷물로 만든다는 것은 알고 있지만 염전은 우리들 머릿속에 있다. 바둑판을 닮은 구획된 갯벌 땅에 바닷물을 막아 놓은 모습이나 소가 쟁기를 끌면서 염전에서 일하는 정경을 본 적이 있다. 저녁노을 비낀 하늘이 자색 옷을 갈아입을 때 소금밭에서 한가로이 써레질을 하는 사람의 모습에서 평화로움을 느낀다. 밀레의 만종에서 느낀 정취처럼.

고즈넉한 신안이 염전노예사건으로 세상을 놀라게 했다. 염전에서 일하던 장애인이 애써 띄운 편지 한 장으로 신안의 소금밭은 쑥대밭으로 변했다. 국민들은 분노했고 벌떼처럼 염전 주인들을 싸잡아 비난했다. 노숙인, 장애인, 가출자 등 사회적 약자들을 섬에 가둬놓고 누구나 꺼리는 소금 일을 시키면서 노임도 주지 않고 옛 노예처럼 부려먹었다는 것은 대명천지에서 있을 수 없는 일이다.

경찰은 전국의 염전과 양식장, 장애인시설, 공사장 등을 수색하여 사회적 그늘에서 인권을 유린당한 370여 명을 찾아냈다고 한다. 그 가운데 염전 노동자가 거의 반수를 차지했다. 감금·폭행·임금체불 등 불법을 저지른 업주들은 형사 처벌되고 실종자와 무연고자는 가족에게 인계 또는 복지시설에 보내졌다.

신안 염전노예사태는 우리에게 새삼 인권의 무게를 생각하게 한다. 자본주의와 사회주의가 같은 값으로 공존할 수 없듯이 자유와 평등에 등가성의 원칙이 적용되기 힘듦을 보여준다.

염전에서 탈출한 노동자의 말대로 사람을 노예처럼 부린 악질업자는 마땅히 무거운 법의 심판을 받아야 한다. 그러나 달리 생각할 점이 있다. 행여 일감을 위해 자의로 섬에 들어온 사람들이 도매금으로 노예사건에 몰리고 있는 경우가 없는지 살펴봐야 한다.

우리 사회에는 말짱한 정신을 가진 사람들도 사회적 평등에 서지 못하고 인권의 사각지대에서 허우적거리고 있는 경우가 더러 있다. 정신박약자 등 장애인은 시설에서 보호해야 한다는 사회적 통념은 반드시 깨어져야 한다. 약간의 정신박약이 있더라도 육체적으로 건강하여 단순노동을 할 수 있다면 일자리를 장려하고 알선해줘야 한다.

염전에서 일하는 노동자와 그 가족이 함께 고용주와 협의하여 정당한 근로계약이 이뤄진다면 문제가 될 것이 없다. '나도 일하면서 돈을 벌 수 있다'는 자긍심을 세워주는 것은 자활복지의 측면에서 매우 중요하다. 노동자를 구하지 못해 염전밭을 쉬게 할 수는 없다.

워싱턴 DC에서 납치되어 12년 모진 세월을 노예로 살다가 편지 한 장으로 가족 품에 돌아 온 평범한 시민 솔로몬 노섭Solomon Northup의 '노예 12년'이 2013년 드라마로 공개된 일이 있다. 신안 염전노예사건은 이와 닮았다. 아름다운 섬 신안이 염전 노예의 불명예를 하루 속히 씻기를 고대한다.

—2014. 3.

부모와 자식

아이 키우기가 겁난다는 말을 많이 한다. 아이들의 행동이 아이들 같지 않아서 그렇다. 사이버 시대에 들어오면서 청소년들의 가치관이 크게 흔들리고 있다. 어른과 시비가 붙었을 때 나이는 보지 말고 잘·잘못을 따져야 한다는 것이 대부분 요즘 아이들의 사고방식이다.

종래의 일반적인 관념이 청소년들에게 혼란을 주고 사리판단을 어지럽게 하는 경우가 비일비재하다. 물질만능, 자유방임, 허술한 공교육, 도덕과 윤리적 잣대의 변화,

정신적 육체적 조기성장, 기성세대와의 지나친 세대 차이 등등 그 이유는 무수히 많다.

열세살짜리 중학생이 자기 집에 불을 질러 할머니, 아버지, 어머니, 여동생을 숨지게 한 사건이 있었다. 왜 그런 끔찍한 일을 저질렀을까. 세세한 내용은 알 수 없지만 보도에 의하면 아버지가 아들의 마음에 큰 상처를 입혔기 때문이란 것이다. 아들은 또래 학생들 사이에 인기 있는 춤과 사진찍기에 관심이 많아 예술계 고교로 진학하고 싶어 했지만 아버지는 판·검사 되기를 강요하면서 걸핏하면 공부나 하라면서 골프채로 찌르고 뺨을 때리곤 했다는 것이다. 이런 일이 되풀이되자 철없는 아이는 아버지는 독재자요, 가정의 파괴자이므로 아버지만 없으면 집안에 평화가 올 것으로 생각했다는 것이다. 그 아버지가 예사로 아들에게 행한 폭행 아닌 폭행이 아들에게 큰 상처를 주었고 그런 끔찍한 결과를 가져오게 될 줄을 누가 상상했겠는가.

어른이나 아이 할 것 없이 현대인들은 지나칠 만큼 이기적인 사고에 묻혀있다. 자녀에 대한 부모의 교육 열정은 아주 대단하여 자기 아이가 남에게 지지 않도록 가르치고 심지어 부모들끼리도 경쟁하는 입장에 있다. 남에게 기죽지 않게 부모들은 아이들이 원하면 사안을 분별하지도 않고 아이들의 의견에 따르는 경향이다. 자기 아이가 교사에게 매를 맞았다면서 학교까지 찾아가 선생을 폭행하는 경우도 심심찮게 일어나고 있다. 부모 스스로가 아이들의 버릇을 나쁘게 만드는 일을 돕고 있다는 것을 자신은 모르고 있다.

학교에서 교사가 학생들을 훈육하는 일은 이제는 찾을 수 없다. 교사는 학생들이 공부를 하든지 잠을 자든지 간섭하지 않는다. 사고를 치는 아이가 있으면 다른 학교로 전학을 유도하는 것이 유능한 교사의 역할이 되어버렸다.

아이들은 학원을 몇 개나 돌면서 공부하고 있지만 교육 성과와 능률은 측정조차 어렵다. 오로지 남의 아이들이 하니까 우리 아이도 그렇게 해야 한다는 생각뿐이다. 자식 이길 부모가 없다고 했던가.

가정에서의 인성교육도 찾을 길이 없다. 어느 집에서

나 아이들의 주장이 강하다. 부모가 자녀들의 진로를 걱정하고 아이도 부모의 마음에 맞는 전공분야로 가기 위해 공부를 한다면 그런 효자가 없을 것 같은 세상이다. 아이들을 어떻게 키우고 교육해야 하는가는 모든 부모들의 한결같은 걱정보따리이다.

불행하게도 지금 우리 사회는 부모자식 간의 관계 정립을 재조정해야 할 시점에 와 있다. 일반적인 관념은 어른들의 생각과 차이가 있더라도 아이들 또한 자기 인생이 있으므로 자녀들의 의견에 관심을 보여주는 것이 바람직하다는 쪽으로 기울고 있다.

요즘 청소년들에게 장차 어떤 직업을 갖고 싶으냐고 물으면 연예인이 되고 싶다는 아이들이 그렇게 많다고 한다. 연예인으로 성공할 수 있는 끼가 보이면 그 길로 진출할 수 있게 해 주는 것도 좋을 것이다. 또 축구나 야구선수가 되고 싶다면 그런 길로 갈 수 있게 배려할 필요도 있다. 그러나 중요한 것은 아이들이 가고자 하는 분야에 특기가 있는지 그 상태를 면밀히 파악해야 하고 아이들의 선택이 평생직업으로 연결될 가능성이 있는지 가늠해 보는 지혜가 필요하다. 그냥 하고 싶다는 단순 생각만으로 계획 없이 진로를 결정하게 해서는 안 될 것이다.

중요한 것은 부모가 무턱대고 반대만 하고 고집을 꺾지 않으려는 고루한 자세는 버려야 한다. 직업은 생계유지, 역할의 실천, 개성의 발휘라는 속성을 가지고 있다. 경제가 발달되고 교육수준이 높은 사회일수록 누구나 내가 하고 싶고 나의 개성을 살릴 수 있는 일자리를 가지려고 애쓴다.

내 자식이라고 내 마음대로 할 수 있는 세상이 아니다. 무서운 세상이라고 탓할 것이 아니라 문화적 세대 차이를 극복하는 일이 급선무다. 스마트폰을 다룰 수 없으면 전자시대에 사는 자식들을 속속들이 이해하지 못한다. 내 자식만은 예외라고 생각하지 말고 부모자식 간의 위계적 담을 허물어야 한다.

—2010. 10.

우체통이 안 보인다

사이버시대라고 해서 우리의 생활이 편해졌다고만 볼 수 없다. 전할 소식을 폰 문자나 컴퓨터 메일로 보낼 때도 있지만 반드시 우편을 이용해야 할 때가 있다.

얼마 전 간단한 일로 해서 우정당국에 불만을 갖게 되었다. 우체국에 가서 백여 통의 편지를 부친 후 빠뜨린 곳이 있어 집에 보관하고 있던 우표를 붙여 동네 근처의 우체통을 찾았다. 분명히 우체통이 있었던 자리인데 우체통이 보이지 않았다. 다른 곳에 옮겼나 해서 이리저리

30여 분을 헤매었지만 빨간 우체통을 찾을 수가 없었다.

편지를 못 부치고 돌아오면서 여러 생각들을 했다. 초등학교 앞 문방구점이나 동네 슈퍼 등에서 우표도 팔고 가까운 곳에 우체통이 있었는데 왜 없앴을까. 우체통을 이용하는 사람이 별로 없고 우체통에 투입된 한두 통의 편지를 수집·관리하는 데도 문제가 있으니 인건비를 줄이기 위해서일까. 아니면 인터넷 우체국, 전자우편시대가 됐으니 전통적인 정보전달 방법이 필요 없어서일까. 이런 저런 생각을 하면서 씁쓸한 마음이 들었다.

요즘 정부·민간기관 할 것 없이 내세우는 것은 서비스와 친절이다. 우체국은 공적서비스 기관이면서 영리성을 추구한다. 서비스를 앞세워 택배도 하고 지역의 특산물도 판매한다. 얼른 보면 민간기업과 다를 것이 없다. 공공기관이 영리성이 부족하다는 이유로 국민에게 편의성을 주지 못한다면 공익성을 내세울 자격이 없다. 공익성이 없다면 국민을 위한 정부기관이라고 말할 수 없다.

과학 문명이 발달하면 그에 따라 사람들의 의식도 달라져야 하겠지만 그렇지 않은 부분도 있다. 공기관이 경영을 내세워 영리를 추구하는 경우가 우체국뿐이 아니겠지만 국가기관이든 지방이든 경영을 지나치게 부각시키다 보면 소비자인 국민들의 저항을 받게 된다.

공공행정 입장에서 정부의 서비스는 적자를 감수하더라도 해야 하는 경우가 있다. 예를 들면 시민들의 교통편의를 위해 노인 또는 장애인 등에게 지하철을 무료로 이용케 한다든지 시내 버스회사에 운영경비를 시 예산으로 지원하는 경우이다. 민간 버스회사에 왜 시민이 낸 세금으로 운전기사 봉급을 지출하느냐 의문을 제기할 수도 있다. 버스회사가 이용객이 없다고 버스 노선을 축소한다면 시민들에게 얼마나 큰 불편을 주겠는가.

우체행정도 마찬가지다. 동네에 우체통이 하나 없다고 뭐 그리 대수냐고 하겠지만 작은 부분 하나가 정부에 대한 국민의 신뢰를 약화시킬 수도 있다. 지금도 유치원 교재나 동화책 같은 데는 아이들에게 꿈을 주는 빨간 우체통 그림이 있고 집배원 아저씨가 나온다. 그러나 현실은 그렇지 않다. 아이들을 위해 우체통이 있어야 한다는 말이 아니다. 우체통이 필요하다는 것이다.

전자시대에 무슨 우체통 타령이라고 할지 모르나 원스톱 행정시대, 소비자 편의성이 강조되는 시대에 국민에게 불편을 주는 서비스 행정은 과감히 개선해 나가야 하기 때문이다.

볼일이 있던 차에 아직 부치지 못한 한 통의 편지를 호주머니에 넣고 시내에 나갔다. 백화점에 들러 우체통이 있느냐고 물었더니 안내 도우미가 고개를 흔든다. 외국의 경우를 생각한 판단이 잘못된 것임을 알았다. 선진외국에는 백화점은 말할 것도 없고 호텔 등에도 우체통이 있다. 서울에는 그런 곳이 있는지 모르겠지만 대구에는 없는 것이 분명하다. 인터넷에서 우체통을 검색하니 '우체통을 사랑해 주세요'라는 글이 있었다. 이런 상황에 어디 우체통을 사랑할 마음이 생기겠나.

지금 우리는 서비스 남용시대에 살고 있다. 공·사 기관의 전화 받는 안내 도우미는 '사랑합니다 고객님', 마음에 없는 건성 친절로 응대한다. 그저 기계적 인사일 뿐이다. 서비스업체가 말과 행동을 같이 해 주었으면 좋겠다.

최소한 아파트 앞이나 백화점, 호텔 등에 우체통을 마

련해 주었으면 좋겠다. 사람의 왕래가 많은 곳, 잘 보이는 곳에 우체통이 있었으면 좋겠다. 우체국은 사기업이 아닌 공공기관이다. 능률성에만 경영의 초점을 맞추면 국민서비스를 위한 공공성은 멀어지게 된다.

—2010. 5.

칭찬의 파도

두류도서관 앞길에 '남의 말 좋게 하자'라고 새긴 커다란 돌덩이 하나가 놓여있다. 어느 봉사단체가 캐치프레이즈로 내건 일이 있는 그 글은 우리들에게 매우 익숙해 있지만 지나쳐 버릴 때가 많다. 짧은 글이지만 잠시 마음속에 담아 한 번쯤 자신을 돌아보면 어떨까. 사회생활을 하면서 남에게 손상을 주는 말을 함부로 한 적은 없었는가, 혹시 거짓으로 남을 어렵게 만든 적은 없었는가, 항상 같이 있는 가족에게 함부로 대하고 막말을 한 적은 없었는가.

정작 자기관리가 되지 않는 사람들은 사회적 · 인구학적 배경이 어떻든 특정인을 놓고 그가 없는 자리에서 공기 굴리듯, 술안주 삼듯 좋지 않은 말을 함부로 하는 성정을 가지고 있다. 정보가 좀 빠른 어느 한 사람이 특정인에 대하여 슬며시 좋지 않은 말을 꺼내면 너도 나도 질세라 한마디씩 거드는 것이 바로 우리들의 모습이다. 남의 험담을 주고받는 것이 일상화되어 있다고 해도 과언이 아니다.

일반적으로 특정인에 대해 좋지 않은 이야기를 하는 경우, 사람의 행태는 이야기를 먼저 꺼내놓고 떠드는 사람, 은근히 동조하는 사람, 그 말을 곧이들으려 하지 않는 사람으로 나눌 수 있다.

왜 사람들은 남에 대하여 좋지 않은 말을 하고 또 거들면 신이 날까. 상대가 자기보다 우월한 위치에 있으면 괜히 '사촌이 논을 사면 배가 아프다'는 식의 시기심이 발동하기 때문일까.

인간은 누구나 자기중심적 존재이므로 정도의 차이는

있을지 모르나 대부분 편견에 매여 있다.

몇 해 전 여중생이 반에서 물건을 도둑질했다는 루머로 '억울하다'는 유서를 남기고 자살한 사건이 있었다. 주변 친구들이 재미삼아 근거없이 한 말이 이런 끔찍한 결과를 초래한 것이다. 한 번 입에서 나온 말은 돌이킬 수 없다는 것을 알면서도 조심성을 갖지 않는 경우가 너무 많다.

고대 바빌로니아 율법서에는 '모략중상은 그 말하는 사람과 말을 듣는 사람, 중상당한 사람, 이 세 사람을 죽인다'라는 내용이 있다고 한다.

그럴듯하게 포장된 말에 안 넘어가는 사람은 거의 없다. 상대방을 흠집 내어야 내가 이긴다는 생각을 가진다면 계속 상대방을 헐뜯는 정보를 수집해야 하고 거짓말은 끝없이 양산될 것이다. 상대방을 검증한다는 것은 나는 깨끗하다는 것을 확신시키기 위함이다.

'칭찬은 귀로 듣는 보약'이다. '칭찬은 고래도 춤추게 한다'고 하지 않는가. 진실한 말, 따뜻한 말, 필요한 말은 인간관계를 좋게 하는 양약이다.

대구 사람들은 대륙적 기질과 폭 넓은 성정을 지닌 까닭으로 속은 그렇지 않은데 표현을 껄끄럽게 하는 측면이 더러 있다.

남을 칭찬하는 습관을 가져보자. 돈이 드는 것도 아니다. 눈 딱 감고 남을 칭찬하는 연습을 해 보자. 칭찬 받은 상대방의 반응이 잔잔한 파도가 되어 가슴을 울릴 것이다. 칭찬의 파도가 밀물이 되어 사회 전반으로 확대되면 웰빙사회가 저절로 열릴 것이다.

—2010. 6.

벚꽃과 무궁화

어느 자리에서 '무궁화는 우리나라 국화다, 아니다'라는 논쟁이 있었는데 함께 있던 사람들이 긴가민가 답을 못했다는 이야기를 들은 적이 있다.

4월이 되면 나라 안 곳곳에 벚꽃이 만개하여 봄의 정취를 물씬 풍긴다. 어디를 가나 벚꽃을 볼 수 있는 것은 꽃의 화사함과 가로수로써의 관리가 쉽기 때문일 것이다.

벚꽃은 향기는 없지만 보는 이의 눈길을 잡는 은은한

매력으로 친근감을 준다. 흠이라면 꽃 피는 기간이 짧고 옅은 바람에도 연약한 꽃잎들을 어지러이 날려 보낸다는 것이다. 그래도 밉지 않은 것은 미풍에 무리지어 흩날리는 꽃잎이 주는 운치와 새 잎을 바로 보여주는 정감 때문이다.

봄에 자리를 내어 준 겨울의 시샘에 눌린 탓인지 아파트 앞 대로변의 벚꽃 나무는 작은 꽃봉오리를 내밀지 못하고 주춤거리고 있다. 볕 잘 드는 곳에 자리 잡은 나무에서는 벚꽃이 반쯤 피었다. 이삼 일만 지나면 활짝 핀 꽃을 볼 수 있을 것 같다.

벚꽃 얘기를 하고 있지만 나는 벚꽃을 찬미하려는 의도는 없다. 나라를 상징하는 꽃 이름을 모르는 아이들도 벚꽃이 일본에서 들여 온 꽃이라는 것쯤은 안다. 도시 농촌 할 것 없이 벚꽃이 온 나라에 질펀하게 퍼져있고 벚꽃을 사꾸라라고 말하는 이도 있다는 것이 그 증거다.

어느 나라 꽃이든 꽃의 아름다움 그 자체를 즐기면 그만이지 벚꽃 타령, 무궁화 타령은 왜 하느냐고 묻는 이도 있겠지만 일본과의 관계가 늘 그렇기 때문이다.

역사 왜곡이 극에 달하고 있다. 잊을 만하면 독도 영유권을 주장해 오던 일본이 최근에는 외교활동을 통하여 국제사회에 독도가 자기네들 땅이라고 적극적인 홍보를 하고 있다. 초등학생에게까지도 독도는 자기들 영토라고 주입식 교육을 시키고 있는 판이다.

벚꽃이라고 하면 진해를 연상하지만 제 철이 되면 쌍계사로 보문단지로 자동차 행렬이 줄을 잇는다. 어디서나 볼 수 있는 꽃이지만 여기에 사람들이 괴는 이유는 무엇일까.

고목에 핀 쌍계사의 벚꽃이 고향 길의 향수를 선사하고 있다면 확 트인 도로에서 가로수 역할을 하는 보문사의 벚꽃은 도시민에게 잠시나마 평안을 주기 때문일 것이다.

나라꽃인 무궁화를 눈을 닦고 다시 봐도 볼 수 없다. 흔한 아파트단지 어디에서도 무궁화는 안 보인다.

옛 초등학교 시절 학교 안팎 곳곳에는 무궁화가 있었다. 다섯 장의 꽃잎이 하나의 꽃을 이룬 중앙에 붉고 노란 털이 박혀있는 기억이 어슴푸레 남아 있다.

무궁화는 연분홍, 흰색, 보라색 등 여러 종류가 있다. 아침이슬을 품고 있는 무궁화는 화려하지는 않지만 은은한 아름다움에 정감이 간다. 개화기간이 길며 우리 민족의 역사와 은근함, 끈기를 담고 있다.

일제 때는 태극기처럼 무궁화를 소중히 여겼다. 식민지 나라의 꽃이라는 이유로 마구 뽑히는 수난도 당했다. 정부수립 후에는 국기봉을 무궁화 꽃봉오리로 정하고 정부와 국회의 표장도 무궁화의 도안으로 했다.

무궁화가 나라꽃이지만 상징적인 의미로만 변질되고 있어 마음이 편치 않다. 지방자치제가 시행된 후 시·군·구 같은 기초단체에서도 시화市花, 군화郡花, 구화區花를 제정하는 등 지방 알리기에 야단들이다.

나라꽃인 무궁화가 홀대받고 있는 이유는 무엇일까. 꽃의 세계화로 수입꽃이 판을 치고 있기 때문일까.

국격國格이 날로 높아져가고 있다. 무궁화를 심고 보급하는 일에 정부가 신경을 써줬으면 한다. 무궁화가 우리나라 꽃이란 점을 재인식시키고 먼저 전국의 모든 관청과 공원 등 곳곳에 무궁화를 심었으면 한다. 무궁화와 태극기, 나라 사랑을 연관지우는 홍보가 필요하다. 이 일에 언론이 동참해야 한다.

나라꽃이 있는지 없는지 모른다는 것은 부끄러운 일이다. 벚꽃에 밀려서 무궁화를 볼 수 없다는 것을 안타깝게 여기는 국민들이 많았으면 좋겠다.

—2010. 3.

발문

새로움으로 다가가는 소통의 전령사

발 문

새로움으로 다가가는 소통의 전령사

장호병(계간 문장 주간)

백암白巖 김진복金鎭福 교수는 저술인이라 해도 좋을 만큼 책을 많이 낸 분이다. 전공 관련 책 외에도 『진인사대천명』을 비롯한 칼럼집을 네 권이나 출간한 바 있다. 특히 지방자치에 관한 한 그는 독보적인 학자로 저술 및 학술 활동에서 성과가 지대하다. 지방자치연구소장과 한국지방자치학회 고문을 맡아 지금도 현역 교수 못지않게 노익장을 과시하고 있다. 그런 그가 이번에 수필집이란 이름으로 『오늘은 새날이다』를 상재한다.

문학은 예술의 하위범주이자 커뮤니케이션의 한 분야이다. 소통으로 대변되는 커뮤니케이션에서 communicare는 라틴어의 '진보를 위한 나눔과 일치communo et progressio'에서 그 어원을 찾을 수 있다.

소통은 우리가 더 나은 곳으로 나아가기 위하여 내가 깨달은 바를 타자들과 나눔으로써 일치를 이룬다는 명제에서 출발한다. 나눔의 바탕에는 사랑이 있고, 양자는 일치에 이르러야 한다. 그 과정에서 서로 불편한 심기를 드러내기도 한다. 사랑 때문이다. 사랑의 반대가 무관심인 연유를 알 수 있다.

백암 김진복 교수의 문학에서 주요 키워드는 '소통'이다. 그 설득 방법은 교시적이냐 쾌락적이냐의 두 기능 중 어느 한쪽으로 치우치는 것이 아니라, 교시성에 심미적 의미를 더함으로써 자신의 스타일을 유지한다. 우리 삶에 대한 그의 깊은 통찰과 새로운 인식은 독자들에게 정서적 감동을 불러일으키기에 충분하다.

□ 인생을 위한 문학

백암 사백은 공리적 효용성에 바탕을 두고 도덕적 교훈이나 삶의 진실을 제시함으로써 인생의 참의미를 깨닫게 하는 문학의 교시적 기능에 충실한 칼럼, 중수필을 오랫동안 발표해왔다.

> 며칠 전 시내 중심가에서 운전을 하다 당한 일이다. 바로 옆에서 신호를 기다리고 있던 영업용 택시기사가 담배꽁초를 창 밖으로 홱 내던졌다. 기분이 언짢아 한마디 했다. "아저씨, 꽁초를 길거리에 버리면 어떻게 합니까?" 운전기사가 힐끗 쳐다보면서 던지는 말, "너나 잘 하세요."
>
> ―「너나 잘 하세요」 중에서

작가는 우리 사회의 현실을 고발하거나 대안을 제시하기 위한 사유의 연장선 위에서 그는 시민정신을 벗어난 현장을 목도하면 바로잡으려 한다. 자칫 참견했다가는 되로 주고 말로 받게 되는 봉변이 심심찮게 회자되는 세태이다. 그럼에도 그는 곧잘 나선다. 우리 사회에 대한

애정 때문이다. 앞의 경우에서도 곧, '너나 잘 하세요'란 불쾌한 언사가 돌아왔지만 작가는 역설적으로 이 표현이 생활화되어 '너 나 잘 하세!'로의 디딤돌이 되어 종국에는 작가가 꿈꾸는 세상이 도래하기를 기원한다.

인간은 사회적 동물이기에 '너나'가 아니라 '너 나'가 서로 조화를 이루어야 한다. 작가는 '풍선과 바람은 한 몸이다. …… 바람과 풍선이 궁합이 맞듯이 인간사 모든 일이 그것을 닮는다면 인생살이가(「풍선」 중에서)' 한결 가볍고 수월하게 될 것이라고 믿는다.

> 외국에 수출까지 하는 자랑스러운 한글이 일본 온천장에서는 수치심을 안겨 주었다. 한적한 시골 여탕에서의 일이다. 샴푸나 화장품 용기 바닥에 오직 한글로만 이렇게 쓰여 있다. '가져가지 마세요.'
>
> —「외국에서 만난 한글」 중에서

해외 관광지에서 한글 안내판을 만나기는 흔한 일이다. 그때마다 어깨가 우쭐해진다. 국력 덕분에 당당한 한국인으로 외국의 거리를 활보할 수 있는 시대이다. 그런

데 일본 온천장에서 이런 한글 문구를 본 사람이라면 어딘가에 몸을 숨기고 싶을 것이다. 많은 한국인이 다녀갔음에도 그 문구가 버젓이 남아 있다니! 저자는 '잘못 형성된 생활문화' 때문에 해외에 나가서까지 망신을 사게 하는 그 일의 발단을 국내 남탕과 여탕의 차이에서 찾는다. 없어지니까 비치하지 않고, 비치되어 있으니 조금은 가져가도 문제될 것이 없다고 여기는 국내에서의 심리기제가 나라 밖에서도 통할 것이라 여겼기 때문이라고 진단한다. 국내 여탕에도 남탕과 똑 같은 목욕 용품들을 비치하여 자유롭게 사용할 수 있도록 했다면 이런 볼썽사나운 일은 생기지 않았을지도 모른다.

칼럼이다 보니 정치·사회문제가 글의 주제가 될 때가 많다. 글의 성격상 시의에 적절하고 독자의 입맛에 맞는 쪽으로 접근해야 하고 주제에 맞는 비판은 필수적이다. 내 생각에 독자가 동조하고 비판에 속 시원해야 하는 것이 칼럼의 매력이다. 이런 글만 계속 써 오다 보니 어느새 내 글이 감성을 찾기 힘든 글로 영글어졌는지도 모른다.

<…중략…>

나는 내 나름대로의 글 스타일을 만들어 가려고 애쓴다. 누구나 고개를 끄덕이게 하는 그런 글, 단맛은 없지만 뒷맛이 남는 글을 쓰려고 한다. 내 글을 읽는 이의 마음을 후련하게 해주고 의사의 소통을 유도하는 교시적 · 교도적 글을 쓰려고 한다. 누룩 같은 글, 눈에 보일 듯 말듯 하지만 큰 나무로 성장하는 겨자씨와 같은 글을 쓰고 싶다.

—「칼럼의 매력」 중에서

□ 문학을 위한 문학

삶이, 반복되는 오늘에 머무는 것이 아니라, 새로움의 연속이어야 하듯 그의 문학도 변신을 시도해 오고 있다. 윤리적 사고를 전면에 드러내지 않고 심미적 의미를 바탕으로 예술적 아름다움을 추구한다. 감동을 극대화하는 전통적 문학의 기능을 염두에 둔 창작노력이리라. '인생을 위한 문학'에서 '문학을 위한 문학'으로 이행되어 가고 있음을 눈여겨 볼 수 있다.

백암 사백은 공무원 13년, 대학 교수로 31년의 불꽃같은 삶을 살았다. 현업 은퇴 후에도 후학들에게 자신의 경륜을 나눔하고 있다. 그런 그가 잊고 있었던 문학에 정진하여 늦깎이 수필가로 문단에 나왔다. 그는 고등학교 시절부터 문학에 뜻을 두었고, 작지만 그 성과도 없지는 않았다. 문단 활동 기간은 길지 않았지만 일취월장의 발전이 우연이 아니었음을 「내 문학의 분신」이 증언한다.

스크랩 중간 부분에서 아주 귀한 것을 발견하였다. 50년이 훨씬 넘은 내 육필 원고가 고스란히 남아있었던 것이다. '준의 추억과 사상', '이것이 나의 진로의 반주인가'라는 제목의 산문 2편이다. 누런색으로 변색된 원고지의 접혀있는 부분이 너덜너덜 금방 떨어질 것만 같다. 필경으로 줄을 친 원고지의 가로 세로 줄이 긴 세월을 말해주듯 끊어질듯 이어진다.

천천히 원고지를 넘기는 손끝이 떨리고 있다는 느낌과 함께 야릇한 흥분이 스멀스멀 몸을 휘감는다. 앞날이 안 보이던 그 외롭던 시절, 나는 황량한 세상에 버려진 병들고 심약한 존재였다. 그때 끄적거린 글들은 내 젊은 날의 허망한 초상이었다.

—「내 문학의 분신」 중에서

칼럼 위주의 중수필을 발표했던 백암 문학의 전반기는 교시적 성격의 대사회적 소통을 목적으로 한 '인생을 위한 문학'이었다. 그의 말대로 '단맛은 없지만 뒷맛이 남는 글'을 남기려고 했다. 설명을 통한 설득이 주된 방식이었다.

저자가 본격적으로 문학활동을 하면서는 설명보다는 묘사를 통하여 독자의 심상에 어떤 파문을 던지는 '문학을 위한 문학'으로 창작기법이 바뀌고 있다. 저자는 굳이 그의 생각을 독자에게 이입시키려 하지 않는다. 텍스트에는 작가의 생각이나 작가를 드러내지 않음으로써 오히려 작가적 주관을 효과적으로 객관화시키고 있다. 그러나 그 객관은 오히려 주관보다 더 주관적이 된다.

특히 「꽃 마네킹의 독백」은 다양한 해석의 여백을 통하여 수준 높은 작품성을 유지하면서도, 고발문학의 진수에 이르고 있다 해도 좋을 것이다.

대부분의 수필이 작가를 기준으로 하는 일인칭 시점인데 반해 이 작품은 '꽃 마네킹'의 독백 형식의 삼인칭 시점을 취함으로써 고발의 주체인 작가는 한 발 뒤로 물러서 있다.

나를 부른 사람의 사회적 신분이 높으면 나도 앞자리 좋은 곳에 보란 듯이 서서 뭇 사람들의 관심을 모읍니다. 하지만 어떤 때는 자리 이동을 하도 많이 해서 몸살이 나기도 합니다. 나 같은 꽃 마네킹이 많이 모이는 날에는 설자리가 없어 쫓겨나는 경우도 있습니다. 내 몸에 곱게 장식된 리본만 떼어내고 밖으로 밀려날 때는 기분이 썩 좋지 않습니다.

화환을 받는 주체들을 나무라는 것 같지만 실은 배달된 화환인 나에게 초점이 맞추어져 있을 수도 있다. 나의 진정한 현재가치나 앞으로의 가능성은 외면된 채 오늘의 직위만 중시되는 비정한 사회 현실을 고발한다.

한 가지 비밀을 알려드릴게요. 내가 예식장이나 장례식장에 번갈아 갈 때 당연히 옷을 갈아입을 것이라고들 생각하겠지만 그렇지 않을 때도 있습니다. 장례식장에 갈 때는 입었던 옷에서 몇몇 유난한 색깔의 꽃을 빼고 흰색과 노랑 계통의 꽃옷을 섞어 입힙니다. 꽃집 주인의 그날 기분에 따라 보너스로 핑크색을 살짝 곁들이는 경우도 있지요.

이런 내용을 신랑신부나 그 가족들이 알면 기절초풍하겠지요. 모르는 것이 약입니다. 예식장에서 내가 입은 그럴듯한 꽃옷을 보고 예쁘다고만 생각하는 분들에게 감사드립니다.

—「꽃 마네킹의 독백」 끝부분

꽃값은 분명 오를 터인데, 수 년 전보다 오히려 싼 값으로 화환이 배달된다. 재활용이나 모조를 곁들이는 상술에 힘입은 것이다. 결혼식장에서 꽃 본연의 향기가 향내음으로 덮인다고 생각하면 결코 유쾌해질 수 없는 일이다. 일관적인 경어체 사용으로 작가가 의도한 메시지를 나직하지만 강렬하게 전달하는 효과를 낳고 있다.

□ 깨달음의 문학

수필은 세상 읽기에서 출발하여 해석이라는 과정을 거쳐 깨달음에 이르게 된다. 하나의 체험이나 대상에 접근하는 방법 중에는 사실과 인과 관계에 입각하여 과학적으로 접근하는 방법과, 때론 틀리기도 하겠지만 직관에 따르는 마술적 생각으로 삶의 이치를 궁구하는 방법이 있다. 전자가 학문의 경우라면 후자는 문학의 경우이다.

문학은 존재하는 대상을 그 자체가 아닌 새로운 인식으로 창조하는 일이기도 하다. 수많은 학습이 우리에게 대상을 신호적 기호sign로 받아들이게 하지만 문학은 신호sign에서 벗어나de- 새로운 인식design으로 태어나게 한다.

> 믿건 말건 내 생각은 이렇다. 영양이 필요한 암컷이 수컷을 잡아먹는다는 일반적 속설은 맞지 않는 것 같다. 경계성, 공격성, 포악성, 독점성이 강한 사마귀가 교미 후 힘이 빠진 수컷이 다른 적에게 잡혀 먹히는 것보다 사랑하는 수컷을 스스로 잡아먹는 것이 낫겠다는 생각에서 그랬을 것이다.
>
> —「두려움」 중에서

수컷을 잡아먹는 암컷, 기꺼이 암컷에게 잡아먹히는 수컷의 세계는 우리 인간의 눈으로 보면 참으로 비정한 숙명이다. 거기에는 분명 그들이 받아들일 수밖에 없는 이치가 있으리라. 우리가 보기에는 극단적인 선택이지만, 사랑은 둘 사이에만 존재하는, 어떤 것도 개입할 수 없는

지고지순한 것이라는 작가의 깨달음에 고개를 끄덕이게 된다.

귀가 부드러워지는 나이가 되어서야 오늘이 얼마나 중한지를 비로소 알게 되었다. 항상 오는 오늘을 새 날로 반갑게 맞아들이기로 했다. 시간에서 느끼는 편견을 교정해서 삶 자체에 긍정심을 심는 방법을 찾기로 했다.

오늘은 언제나 오는 날이 아니고 생애에 꼭 한 번 있는 날이다. 바뀌는 오늘은 색깔과 무늬가 사뭇 다르다. 그 새날을 함부로 대해서야 되겠는가.

—「오늘은 새날이다」 중에서

고은은 '올라갈 때 보지 못한 그 꽃을 내려갈 때에서야 보았노라' 노래했다. 백암 사백 역시 생에서 앞만 보고 달릴 때는 오늘이 얼마나 소중한 날인지 깨닫지 못했다. 이처럼 깨달음은 수많은 시행착오와 대가를 치른 뒤에 온다.

작가는 '인생에는 숨겨진 최상의 목적이 있을 것이며, 의도한 창조의 목적이 실현될 수 있도록 신은 세상 만물을 우리를 위해 제공한다'고 여기고 있다. 보물찾기를 하듯, 숨이 붙어 있는 한 그 최상의 목적에 접근하는 삶을 살아야 하며, 그런 의미에서 오늘 하루, 새로운 날을 주신 분에게 두 손을 모은다고 했다. 결코 허투루 소모 되어서는 안 될 하루이다. 그래서 그는 즐겨 일을 만든다.

나는 소일消日을 하지 않고 작일作日을 한다. 매일 암송하고 있는 성경의 값진 구절들이 그렇게 하라고 가르쳐 주고 있다.

—「나는 일을 만들면서 산다」 중에서

여보, 조춘길 권사, 내가 당신에게 꿀리는 것은 별로 없는데 당신을 따라 가지 못하는 몇 가지가 있소. 당신 곁에는 늘 사람이 모여드는데 나는 그렇지 못하오. 보아하니 돈을 많이 쓰는 것 같지도 않은데 당신을 좋아하는 사람이 주위에 아주 많은 것은 정말 홍복이오. 평생 직장생활을 해 온 내가 당신보다 인간관계의 폭이 넓음에도 불구하고 내 곁에는 사람들이 괴지 않으니 때로는 답답하고 외로울 때도 더러 있소. 사람들은 성격 탓이라고 말하지만 나에게 결점이 많기 때문일 것이오.

—「공개편지」 중에서

작가는 「행복한 인생」에서 "첫째 건강, 둘째 같이 사는 사람이 옆에 있을 것, 셋째 쓸 만한 약간의 돈이 있을 것, 여기에 하는 일이 있다면 금상첨화다. 넉넉하지는 않지만 나는 4가지를 모두 갖고 있어 행복하"다고 밝히고 있다.

백암 김진복 사백은 진정 복이 어디에 있는지 알기에 나날이 다가오는 오늘을 언제나 새날로 받아들인다. 그리고 세상과 소통하는 꿈을 꾼다. 비록 이해관계가 다르고, 바라보는 곳이 다른 이웃이 있어도, 그는 '상이한 가치를 유사한 가치로 통합해 가는' 도가니를 만들기 위해 붓을 놓지 않는다. 그리고 그 도가니를 뜨겁게 달구는 힘은 다름아닌 '苟日新 日日新 又日新'이다.

백암 사백의 꿈과 독자들의 꿈이 일치에 이르기를 소망하면서, 설레는 마음으로 다음 작품집을 기다린다. 수필집 상재를 축하드리며, 두서없는 사족을 거둔다.

백암(白巖) 김진복(金鎭福)

○ 문학을 하고 싶었지만 살다보니 사회과학 쪽에서 한 평생을 보냈다. 갓 스물을 넘긴 나이, 철공소에서 허드렛일을 하면서도 '계명야학교'를 열어 불우청소년들에게 문맹자 교육을 시킨 것이 기억에 남는다.

○ 대구시청 공무원 13년, 영진전문대학과 가야대학교 행정대학원 강단 31년, 1991년 영진전문대학 부설 지방자치연구소를 열어 지방의회의원 연수, 주민자치교육, TV · 방송 · 신문 · 강연 · 저술 활동 등으로 한국지방자치 발전에 기여하였다. 제46회 경북문화상 문화부문 심사위원장을 지냈다.

○ 경북고등 졸업, 경남대학교에서 행정학 박사학위 수여, 2005년 황조근정훈장을 받았다.

○ 저서로 '행정학개론', '사회복지개론', '지방의회론'이 있고 칼럼집으로 '지방자치에세이', '나의 지방자치 이야기', '지방자치와 복지', '진인사대천명'이 있다. '한국지방의회의 발전에 관한 연구' 등 수십 편의 논문이 있다.

○ 현재 지방자치연구소장, 한국지방자치학회 고문, 대구신문 논설위원, 대광성결교회 원로장로로 활동하고 있다.

○ 2010년 《문장》 신인상 수필 부문으로 등단하였고 대구문인협회, 대구수필가협회, 문장작가회, 달구벌수필문학회 회원으로 활동하고 있다.

• E-mail longbless@naver.com
• 블로그 http://blog.naver.com/longbless